NOVAS TENDÊNCIAS EM MARKETING INTELLIGENCE

TÍTULO ORIGINAL
Novas Tendências em Marketing Intelligence

© os autores dos textos e Edições Almedina, 2013 (ver pág. 303)

Todos os direitos reservados

CONJUNTURA ACTUAL EDITORA, uma chancela de EDIÇÕES ALMEDINA, S.A.
Sede: Rua Fernandes Tomás, 76-80, 3000-167 Coimbra
Tel.: 239 851 904 · Fax: 239 851 901
Delegação: Rua Luciano Cordeiro, 123, 1.º Esq., 1069-157 Lisboa
Tel.: 213 190 240 · Fax: 213 190 249
www.actualeditora.pt

DESIGN DE CAPA
FBA

PAGINAÇÃO
MA

IMPRESSÃO E ACABAMENTO
Forma Certa
Março, 2021

Toda a reprodução desta obra, por fotocópia ou qualquer outro processo, sem prévia autorização escrita do Editor, é ilícita e passível de procedimento judicial contra o infrator.

Biblioteca Nacional de Portugal – Catalogação na Publicação

NOVAS TENDÊNCIAS EM MARKETING INTELIGENCE

Novas tendências em marketing inteligence / coord.
Pedro Campos / Pedro Quelhas Brito – (Fora de colecção)
ISBN 978-989-694-035-5

I – CAMPOS, Pedro

CDU 658
     004

Pedro Campos
Pedro Quelhas Brito
(Orgs.)

NOVAS TENDÊNCIAS EM MARKETING INTELLIGENCE

ACTUAL

Prefácio

A principal missão de uma escola de negócios é criar, desenvolver e difundir as melhores práticas de gestão. Durante 24 anos, a Porto Business School tem desempenhado com proficiência esse propósito, reforçando competências, aumentando a eficiência, promovendo a empregabilidade. O impacto positivo da ação da Escola na sociedade tem sido incomensurável, mas tem assentado, essencialmente, na forma distintiva de transmitir a sapiência acumulada e da orientação decidida para a satisfação das necessidades dos clientes.

Sem ignorar que deve continuar a ser essa a principal linha da nossa intervenção, assumimos que queremos reforçar decisivamente o papel da Porto Business School enquanto instituição que produz conhecimento de excelência. Este livro contribui para esse objetivo superiormente. Primeiro, pelo tema abordado. Hoje, mais do que nunca, a qualidade da recolha, da sistematização e do tratamento da informação é um vetor crucial para o sucesso das organizações. Num contexto em que a incerteza, a volatilidade e a mudança passaram a ser a norma dominante, saber tirar o máximo proveito dos dados disponíveis é um fator de sobrevivência, de competitividade e de diferenciação. Os indivíduos e as organizações que melhor o souberem fazer podem não só perceber convenientemente o enquadramento em que tomam decisões e dessa forma maximizarem a bondade das suas opções, mas também influenciar a formação das tendências que se revelam dominantes. Não admira, por isso, que o investimento direcionado para esta vertente seja crescente e uma prioridade estratégica das empresas líderes.

Segundo, este livro evidencia-se pela equilibrada combinação entre conhecimento tácito e conhecimento explícito. Uma boa obra de gestão deve ter a capacidade de alargar as fronteiras do conhecimento, baseando-se numa abordagem teórica robusta, consistente e estruturada dos problemas, mas também de ilustrar a sua aplicabilidade a situações vividas pelos leitores na sua prática quotidiana, contribuindo, dessa forma, para a melhoria da qualidade da gestão. A diversidade de setores e de elos na cadeia de geração de valor abordados enriquecem ainda mais o impacto que este livro pode ter no dia a dia das empresas.

Terceiro, este livro distingue-se pela lógica colaborativa que esteve subjacente à sua elaboração. As novas formas de organização e de trabalho dentro e fora das empresas pressupõem uma capacidade de mobilização de competências distintas, de abordagens diversas, de formações científicas complementares. Essa capacidade está presente em cada um dos capítulos do livro, onde a multidisciplinaridade das questões é abordada com rigor e com a plena consciência que essa é uma das principais valências de quem reúne num mesmo programa de formação docentes e discentes com formações académicas diversificadas, percursos profissionais singulares, experiências de vida diferenciadoras.

Pelo referido, é para mim motivo de enorme orgulho prefaciar esta obra. Para quem tem a responsabilidade de liderar a escola de negócios onde se criaram as condições para que este livro fosse concebido, cabe-me manifestar o agrado e orgulho de constatar que se deu mais um passo na afirmação da Porto Business School enquanto instituição que combina a excelência na produção e na transmissão de conhecimento. Enquanto gestor, transmito a minha gratidão por passar a ter acesso a um livro que enquadra a ação de quem compreende e valoriza a importância de se extrair dos dados existentes o máximo de informação possível. Por fim, enquanto cidadão, felicito os autores dos trabalhos e, em particular, os coordenadores da Pós-

-Graduação, pela coragem de partilharem o seu saber de uma forma acessível, rigorosa e cuidada, dando um contributo marcante para uma economia e empresas mais competitivas e com maior capacidade de geração de valor.

Nuno Sousa Pereira
Reitor da Porto Business School

A NOVA BOLA DE CRISTAL?

A capacidade de adivinhar o futuro já não é exclusiva de quem usa uma bola de cristal. Ou melhor, a nova bola de cristal pode estar nas mãos de quem gere informação de suporte à decisão. A informação é um dos pilares da gestão e os novos canais de comunicação, os novos *media*, têm desempenhado um papel fundamental na evolução dos sistemas de informação ao nível das organizações e dos mercados. A competitividade das organizações passa, assim, cada vez mais, pela utilização adequada da informação no sentido de facilitar uma adaptação rápida a novas situações, criando uma componente estratégica que permite obter vantagens comparativas. É nessa antecipação das necessidades de mercado que parece que precisamos de uma bola de cristal. Mas as novas bolas de cristal são funções como Pesquisa de Mercados, *Data Mining* e *Web Mining*, que têm vindo a assumir crescente importância nas empresas.

Este livro é a compilação de um conjunto de trabalhos feitos por alunos da Pós-Graduação em Gestão da Informação e Marketing Intelligence da Porto Business School (a maioria deles da sua primeira edição) complementada por textos de especialistas portugueses e brasileiros. Embora o curso seja composto por diversas disciplinas, que tratam aspetos relacionados com a economia virtual, ao nível dos mercados eletrónicos, utilização de novos suportes digitais, *business intelligence*, redes colaborativas virtuais, bem como aspetos relacionados com a segurança, gestão e qualidade da informação, este livro encontra-se estruturado em duas componentes fundamentais: em primeiro lugar, a Pesquisa de Mercados e *Data Mining*, função que envolve a identificação do problema, recolha de dados, análise e difusão de resultados de forma sistemática e objectiva. Porque a área de pesquisa de mercados (*market research*) está a viver atualmente um período de mudança, de interrogação sobre o trabalho desenvolvido e as metodologias aplicadas hoje, e de reflexão sobre a resposta futura aos desafios colocados, vários autores acreditam que a indústria de *research* se deve adaptar a uma nova realidade, usando a Web 2.0 como plataforma de pesquisa e adotando uma abordagem de rede social.

São apresentadas várias metodologias e estudos de caso com *data mining*: o projeto Crystal Ball, uma segmentação de Clientes com Regras de Associação com uma aplicação no mercado farmacêutico e uma abordagem genérica sobre Mineração de Dados.

A segunda parte do livro é vocacionada para os Sistemas de Informação e Processos de Negócio: a Função Sistemas de Informação nas organizações, a Engenharia Social e estudos de caso sobre a inteligência de mercado e a gestão de marketing. No final são abordados os Processos de Negócio e Arquitectura Organizacional ao alinhamento estratégico do Negócio e dos Sistemas de Informação.

Porque julgamos que a gestão da informação está hoje em dia cada vez mais suportada pela ideia do *open source*, também aqui, em sintonia, partilhamos os conhecimentos de forma aberta dos que iniciaram ou aprofundaram estudos nesta áreas com todos os que se interessem pela Gestão da Informação e pelo Marketing Intelligence, pois estamos certos de que esta é a melhor forma de interagir com o mercado e com as suas dinâmicas de forma competitiva. Esta é a nova bola de cristal!

PEDRO CAMPOS
PEDRO QUELHAS BRITO

Parte I

PESQUISA DE MERCADOS E *DATA MINING*

PESQUISA DE MERCADOS

COORD.
**FERNANDA O. FIGUEIREDO, RITA SOUSA,
PEDRO CAMPOS** E **PEDRO QUELHAS BRITO**

Amostragem num contexto de pesquisa de mercado

ANA SILVA, VASCO VASCONCELOS E JOÃO LEITE

1. INTRODUÇÃO

O planeamento, a recolha e a análise de dados relevantes para a tomada de decisões de marketing são parte integrante do processo de pesquisa, no qual as técnicas de amostragem desempenham um papel fundamental. Neste contexto, o processo de pesquisa começa com o reconhecimento de um problema ou de uma oportunidade de marketing. Este processo é orientado pela informação, sendo importante a definição do objetivo da pesquisa, a população ou universo de interesse, a definição do esquema de amostragem e o processo de obtenção da informação. A população de interesse deverá incluir todas as pessoas cujas opiniões, comportamentos, preferências e atitudes darão informação relevante para a solução do problema da pesquisa.

A título ilustrativo apresentamos dois exemplos práticos relacionados com o planeamento de um inquérito. Estes exemplos foram propostos por alunos, no âmbito da disciplina de Amostragem e

Processos de Estimação da 1.ª edição do Curso de Pós-Graduação em Gestão da Informação e Marketing Intelligence – da Porto Business School. Para cada exemplo é referido o objetivo do estudo, é identificada a população – alvo e apresentada a base de amostragem e respetivas características. É ainda proposto um esquema de amostragem para a realização desse estudo, sendo apresentadas algumas vantagens e desvantagens decorrentes dessa escolha.

2. CASOS PRÁTICOS DE ESTUDO

Em seguida apresentamos dois exemplos relacionados com o planeamento de um inquérito, nos quais se analisa a evolução da indústria da construção em tempo de crise e o tráfego para uma dada cadeia de restauração, respetivamente. Em cada um dos exemplos é referido o objetivo do estudo, é identificada a população – alvo, é apresentada a base de amostragem e respectivas características. Propõe-se um esquema de amostragem para a realização desse estudo, apresentando-se algumas vantagens e desvantagens decorrentes dessa escolha.

2.1. Evolução da indústria da construção em contexto de crise

2.1.1 *Introdução*

O setor europeu da construção vivia em finais de 2008 um momento especialmente difícil, com a crise nos mercados financeiros e as restrições à concessão de crédito imobiliário a condicionarem o setor. E o cenário para 2009 não se mostrava particularmente animador. No entanto, e no que dizia respeito a Portugal, a visão mais pessimista das associações do setor contrasta com algumas previsões veiculadas de outros quadrantes. Perante este cenário, aparentemente discordante, seria preparado um inquérito com os seguintes objectivos:

- Avaliar a perceção e sentimento de confiança da indústria da construção em Portugal;

- Perceber se existem diferenças nas respostas de acordo com a dimensão e antiguidade das empresas.

Este último objetivo partiria da hipótese inicial de que a confiança e perceção das empresas mais pequenas seriam mais negativas, dada a menor capacidade destas para dar resposta em períodos de crise. A experiência de atividade no ramo poderia também originar diferenças de perceção face à conjuntura do setor.

2.1.2 *População e base de amostragem*

A população inquirida seria composta pelas empresas de construção com sede em Portugal. Assim sendo, a base de amostragem seria a listagem das empresas do setor da construção (claramente identificadas pelo CAE). Tanto a unidade amostral como a unidade de análise contemplariam as empresas da listagem referida.

As características a estudar compreenderiam temáticas como volume de negócios, número de colaboradores, encomendas recebidas e indicadores gerais de confiança. Tais variáveis permitiriam avaliar as perspectivas de evolução do setor. Seria tido em conta, como referência temporal, o ano civil de 2008, sendo também um dos objectivos fazer a avaliação e previsão das referidas características para o ano de 2009.

2.1.3 *Técnica de amostragem*

Para o planeamento do inquérito em questão sugerimos um esquema de amostragem aleatória estratificada optando, para o efeito, por estratificar a população consoante a dimensão das empresas. Tal tarefa é facilitada pela utilização do conceito de Alvará, condição necessária para o exercício da atividade da construção, limitando o acesso ao tipo de obras e, consequentemente, o volume de negócios.

Dado tratar-se de informação pública e renovada anualmente, é possível estratificar de forma simples e fidedigna a população de acordo com a sua dimensão. Para efeitos de simplificação, consideramos 2 escalões:

- Empresas com alvará de classes 1 a 5;
- Empresas com alvará de classes 6 a 9.

Outro fator interessante e potencialmente diferenciador dos resultados obtidos seria a antiguidade das empresas, aferida pelos anos de atividade. Assim, e dentro de cada um dos escalões anteriormente referidos, consideramos 3 classes, a saber:

- 1 a 5 anos de actividade;
- Entre 5 e 10 anos de actividade;
- Mais de 10 anos de actividade.

Obtemos assim 6 estratos, conforme se apresenta na tabela 1:

Tabela 1. Estratos da população

Alvará	Anos de atividade	Estrato
1 a 5	1 a 5 anos	Estrato 1
	5 a 10 anos	Estrato 2
	Mais de 10 anos	Estrato 3
6 a 9	1 a 5 anos	Estrato 4
	5 a 10 anos	Estrato 5
	Mais de 10 anos	Estrato 6

Admitindo que existe uma listagem completa e atualizada, escolheríamos a amostra através de um processo aleatório. Opta-se por este esquema, dado que a população não é homogénea em relação à característica que se pretende estudar, isto é, a perceção que cada empresa tem em relação à confiança na evolução do setor da construção em período de crise. Uma eventual desvantagem da escolha deste método é o custo associado à dispersão geográfica das unidades estatísticas, uma vez que as empresas da construção estão espalhadas por todo o território português continental e ilhas.

2.2. Análise de tráfego

2.2.1 *Introdução*

Esta secção descreve o processo de elaboração do estudo de análise de tráfego realizado para uma cadeia de restauração. A cadeia de restauração em questão detém vários estabelecimentos distribuídos pelo país, estando alguns deles situados em áreas de serviço, servindo os utilizadores que circulam nas vias rodoviárias em que estão implantados. Estes estabelecimentos são também designados por *drive-through* e são o alvo deste estudo, sendo o caso elaborado com base num dos estabelecimentos em particular. No contexto da política de *geo-marketing* adoptada pela empresa, surge a necessidade de conhecer os utilizadores destes espaços, de forma a adequar a oferta, criar programas que promovam a fidelização do cliente e conseguir uma maior frequência de visita e consumo. Numa primeira fase, o objectivo é identificar a proporção por área geográfica onde vivem e trabalham os indivíduos que frequentam o estabelecimento.

2.2.2 *Técnica de amostragem utilizada*

Foram identificados como indivíduos da população-alvo os utilizadores da via rodoviária em dias "normais". Não são considerados feriados, pontes, variações sazonais ou dias em que haja uma variação significativa decorrente de actividades locais. A tabela 2 apresenta as características em estudo na população e algumas considerações relativas à selecção da amostra.

TABELA 2. Características do inquérito

Características em Estudo	Referência Espacial	Unidade Amostral	Unidade de Análise
Código postal (residência) Código postal /profissional) Idade Sexo	Via rodoviária do *drive-through* em estudo	Indivíduo	Clientes do *drive-through*

Devido às características do estudo a realizar, não existe uma base de amostragem a partir da qual se possa selecionar os indivíduos a inquirir. A informação existente é baseada no conhecimento detido pela equipa de gestão do estabelecimento, em que é referido que, por norma:

- Quem utiliza a via rodoviária de segunda a quinta-feira não é quem a utiliza ao fim de semana;
- Quem utiliza a via rodoviária no horário laboral (durante o dia) não é quem a utiliza em horário pós-laboral (noite e madrugada).

Para a constituição da amostra são consideradas preocupações operacionais e restrições orçamentais. A recolha da amostra será efetuada pelos colaboradores do estabelecimento, o que poderá implicar aumento do tempo de atendimento e consequente quebra na produtividade.

Optou-se pela recolha de uma amostra de 200 indivíduos. O método a utilizar será a amostragem por quotas, considerando 4 grupos em função dos períodos (turnos) estabelecidos pela equipa de gestão. A proporção de cada um dos grupos é definida em função do número de visitas médias conhecidas para cada um dos períodos.

2.2.3 *Considerações finais*

A inexistência de uma base de amostragem e a natureza dos dados disponíveis na população não permitem a adoção de um método probabilístico. Considerando as restrições operacionais e orçamentais, o método de amostragem por quotas é uma opção adequada ao cenário em estudo, por ser de fácil implementação e execução. Como desvantagens, este método pode introduzir subjetividade, ao conferir ao operador a decisão de quem inquirir. Sendo um método empírico, não permite tirar conclusões sobre a precisão dos resultados.

REFERÊNCIAS

BARNET, V. (1991), *Sample Survey – Principles and Methods*. Arnold, London.

COCHRAN, W.G. (1977), *Sampling techniques*, John Wiley & Sons.

MCDANIEL, Carl (2006), *Pesquisa de Marketing*, Thomson Learning, São Paulo.

REIS, E., VICENTE, P. e FERRÃO, F. (1998). *Sondagens. A amostragem como factor decisivo de qualidade*. Edições Sílabo, Lisboa.

REIS, Elizabeth e MOREIRA, Raul (1988). *Pesquisa de Mercado*. Edições Sílabo, Lisboa.

SÄRDNAL, C.-E., SWENSSON, B., e WRETMAN, J. (1997), *Model assisted survey sampling*, Springer series in statistics.

Dois casos de estudo em pesquisa de mercados: *couchsurfing* e *duct tape marketing*

JOSÉ PEDRO ALBA, PEDRO SANTOS,
PEDRO FLEMMING E NUNO MANARTE

1. INTRODUÇÃO

Os estudos ou pesquisas de mercado são cada vez mais complexos e a sua importância nos processos de decisão é cada vez maior. Esta importância é motivada pelo crescimento explosivo das tecnologias de informação e comunicação, pelos elevados níveis de concorrência, pela intervenção dos governos na protecção dos cidadãos e pelo facto de as decisões de marketing serem cada vez mais mais complexas.

A pesquisa de mercados envolve a identificação do problema, recolha de dados, análise e difusão de resultados de forma sistemática e objectiva, visando melhorar a tomada de decisões relativas à identificação e solução de problemas (e oportunidades) (Malhotra, 2001). São várias as etapas no processo de pesquisa de mercados: definição do problema, elaboração de uma abordagem, formulação do projecto de pesquisa, trabalho de campo, preparação e análise dos dados e elaboração e apresentação do relatório final.

Dada a importância de tomar decisões baseadas nos factos e a necessidade constante de monitorizar o ambiente concorrencial, a pesquisa de mercado desempenha um papel central na actividade de qualquer empresa, independentemente da sua dimensão e capacidade financeira. Se é verdade que há tipos de pesquisa de mercado cujo custo é proibitivo para empresas de menor dimensão, o facto é que, mesmo assim, existe uma grande variedade de ferramentas de pesquisa de mercado ao alcance de empresas com recursos mais limitados.

Neste capítulo apresentam-se dois casos de estudo que mostram a importância da pesquisa de mercados no processo de decisão. O primeiro relaciona-se com *couchsurfing* e intitula-se *"Viajando pelo mundo, um sofá de cada vez"*. O *couchsurfing* é um serviço turístico que consiste numa nova forma de alojamento onde uma comunidade de pessoas se disponibiliza para receber turistas em sua casa, permitindo a estes pernoitar por um determinado período, sendo os termos do acordo definidos entre ambas as partes. O objetivo do estudo é perceber em que medida os utilizadores estão a tirar partido deste serviço.

O segundo caso de estudo é sobre *duct tape marketing* ("Marketing fita-cola"), um conceito de consultoria de marketing originário dos Estados Unidos vocacionado para pequenas e médias empresas (PME), tendo já dado provas em milhares de empresas ao longo de duas décadas. Este sistema reconhece que as PME têm necessidades iguais às das grandes empresas, mas não têm o mesmo orçamento, necessitando, por isso, de várias adaptações no tipo de serviços que lhes é proposto e nas estratégias e tácticas que lhes são sugeridas. Neste segundo estudo procura-se avaliar a importância do marketing nas PME portuguesas e em que medida este conceito vai de encontro às necessidades das empresas.

Em ambos os casos os dados foram recolhidos através de Web Based Surveys (questionários *on line*). Quando aos métodos de amostragem, utilizou-se, no primeiro estudo, um processo de amostragem por conveniência. No segundo caso utilizou-se um processo de amostragem por quotas[1].

2. PRIMEIRO CASO DE ESTUDO: "COUCHSURFING – VIAJANDO PELO MUNDO, UM SOFÁ DE CADA VEZ"

Fruto do crescimento do interesse generalizado por um tipo de turismo alternativo, com mais pontos de contacto multiculturais e sobretudo mais económico, surgiu o conceito de *couchsurfing*, que consiste numa nova forma de alojamento, onde uma comunidade de pessoas se disponibiliza para receber turistas em sua casa, permitindo a estes pernoitar por um determinado período, sendo os termos do acordo definidos entre ambas as partes. Na realidade, ocasionou uma mudança de paradigma aquando do seu surgimento e tem vindo a manifestar uma tendência de crescimento por todo o mundo.

A expressão *couchsurfing* foi criada em 1999 pelo jovem aventureiro Casey Fenton. Este norte-americano decidiu ir conhecer a Islândia. Na busca de alojamento local, ao invés de recorrer às alternativas normais de hotéis, albergues, etc..., decide enviar quase dois mil e-mails para alunos da maior universidade da capital do país, em busca de um sítio para ficar. O seu objetivo foi alcançado, tendo recebido várias ofertas de hospedagem. Realizada a viagem, Fenton percebeu a potencialidade da ideia tendo para tal registado o domínio *CouchSurfing.org*, cujos objetivos, na sua génese, eram o de providenciar alojamento a viajantes de todo o mundo, criando um

---

[1] Apesar destes pressupostos relacionados com o desenho da pesquisa de mercado, observaram-se restrições relacionadas com o tempo necessário para a execução do trabalho: pelo facto de se tratar de trabalhos académicos, o tempo disponível para a realização do trabalho de campo não foi compatível com o tempo necessário para a sua execução, tal como planeada. Por isso, para a elaboração do primeiro estudo foram também simulados valores aleatórios, gerados pela folha de cálculo Excel. Quanto ao segundo estudo, o número de respostas recolhidas pelo método de amostragem por quotas foi muito reduzido pelo que houve necessidade de se recorrer a uma amostragem por conveniência.

intercâmbio cultural. O sítio na internet criou uma rede de contactos, nos mais variados países do mundo, onde os utilizadores tinham a oportunidade de pedir alojamento dentro da comunidade e também colocar à disponibilidade da comunidade o seu alojamento. Neste conceito estava relacionado não só a troca de alojamentos, mas igualmente uma mensagem de partilha e entreajuda, alcançando um mundo melhor.

Por uma questão de simplicidade e convenção, ao longo deste texto, referir-nos-emos aos utilizadores do *couchsurfing*, que viajam e buscam acomodação no seu destino de viagem, por **viajantes**, e aos utilizadores que disponibilizam alojamento a viajantes por **anfitriões**.

Note-se que o CouchSurfing.org foi até à pouco tempo uma organização sem fins lucrativos, onde os próprios membros da comunidade contribuíam para a sua manutenção e conteúdo. Atualmente a situação alterou-se, com investimentos privados na organização, o que tem motivado uma onda de reações de descontentamento dentro da comunidade.

Com o crescimento deste fenómeno, e pelo facto de ser um tema atual, que revela uma nova tendência, com particular relevância no turismo jovem (a média de idade dos utilizadores do site é de 28 anos), pretendemos com o presente trabalho caracterizar o modo como o conceito está a ser utilizado, nomeadamente quanto ao género dos seus utilizadores, se responde à ideia original da sua génese, e perceber algumas tendências futuras inclusive impactos no turismo tradicional.

2.1. Definição do problema, elaboração de uma abordagem

Detalhando um pouco mais o objeto do que nos propomos a realizar, iremos centrar o nosso estudo na comunidade CouchSurfing. org, que é a maior e mais influente comunidade mundial neste tema, e perceber em que medida os utilizadores estão a tirar partido do serviço, isto é, que fatores são os mais relevantes quando utilizam o serviço. Outro dos objetivos é perceber quais as tendências futuras. Algumas questões-chave que pretendemos responder são:

- Qual o principal fator que levam os utilizadores a utilizarem o serviço?
- Usufruem da troca de experiências culturais com o alojamento?
- É cumprido o objetivo de aproximação e interação entre os anfitriões e os viajantes?
- Em que medida a dinamização de outro tipo de experiências culturais é valorizada pelos turistas?

São algumas questões que pretendemos explorar de forma a verificar se a idealização dos princípios iniciais está a ser cumprida, e se estes são ou não valorizados. A aproximação cultural, a troca de experiências típicas regionais, como gastronomia, danças, teatro, festas e músicas tradicionais estão a ser realmente incentivadas ou é uma oportunidade existente de incrementar este intercâmbio cultural?

O desenvolvimento do trabalho partiu exatamente da ideia até aqui explorada, seguindo-se o desenvolvimento de um processo de recolha de dados através de um questionário *on line* que pudesse captar o perfil de utilizador de *couchsurfing*, os seus hábitos e motivações e as tendências futuras que este movimento terá.

População a estudar

Procuramos estudar uma população muito específica, os utilizadores da comunidade CouchSurfing.org. A ausência de privilégios que permitam aceder a uma listagem exaustiva com as características de cada membro registado na comunidade conduziu a que a técnica de amostragem fosse o método não probabilístico de amostragem por conveniência.

2.2. Formulação do projecto de pesquisa e trabalho de campo

Questionário

Procurou-se desenhar então um questionário, procurando sempre que respeite as melhores regras para que as informações recolhidas sejam de facto uma mais-valia para o objetivo a que nos propomos. Para diminuir as probabilidades de erro na elaboração do questionário foi realizado um pré-teste para detetar eventuais erros que pudessem colocar em causa os resultados finais, como questões mal formuladas e de entendimento ambíguo, questões redundantes e questões sem resposta, que nos indiciam algum erro de conceção. É igualmente uma ajuda importante para a ordenação final das questões a definição de termos a utilizar, e auscultar opiniões acerca do dimensionamento e apresentação do questionário. Foram utilizadas para o efeito, pessoas que estão registadas no *couchsurfing.org* dentro dos nossos círculos de amizade.

Dado o carácter global do sítio Couchsurfing.org (*www.couchsurfing.org*) e de forma a refletir o mais possível a realidade dos utilizadores do sítio, o questionário foi redigido na língua Inglesa.

O questionário (disponível no Anexo 1) é composto por 4 páginas:

- A página um refere-se a questões que avaliam características sociodemográficas;
- A página dois questiona o inquirido quanto à utilização do serviço enquanto viajante; se a resposta não for afirmativa, o questionário avançará automaticamente para a página três;
- A página três questiona o inquirido quanto à utilização do serviço enquanto anfitrião; em caso afirmativo avança para página quatro, caso contrário termina neste o questionário neste local;
- A página quatro explora os aspetos referentes ao utilizador enquanto anfitrião (*host*).

Com as questões elaboradas é possível, para o objetivo do estudo, abordar os principais pontos que permitam uma posterior análise e finalmente retirar algumas considerações e conclusões que permitam caracterizar os utilizadores de *couchsurfing* enquanto utilizadores. Outro aspeto interessante a estudar é até que ponto os *couchsurfers* viajantes fazem também o papel de anfitrião, ou seja, também albergam outros *couchsurfers*. Embora não seja o elemento central deste estudo, foi considerado relevante realizar um pequeno conjunto de questões (página quatro) que complementassem, até para inferir correlações de comportamento, as questões anteriores.

Interessa sobretudo perceber qual a proporção que dentro dos inquiridos se disponibiliza para acolher outras pessoas, em regime de *couchsurfing*, na sua casa e qual a disponibilidade de prestar outro tipo de experiências aos visitantes. Por último, interessa também perceber qual o principal aspeto que os leva a responder afirmativamente a um pedido de alojamento.

População-alvo e processo de amostragem

A população-alvo do estudo são as pessoas que praticam *couchsurfing*. No entanto, por questões práticas, cingiu-se a população aos utilizadores dos fóruns da comunidade (couchsurfing.org), por ser mais fácil encontrar os elementos da população neste local, embora se admita que nem todos os *couchsurfers* estejam neste local. O questionário poderia ser acedido e respondido nos tópicos gerais. É portanto de forma voluntária que os membros registados submetem as suas respostas, sendo a amostra tão grande quanto o número de respostas obtidas durante o mês de fevereiro de 2012, que corresponde à duração que esteve disponível o questionário.

Na sequência do inquérito colocado nos tópicos gerais do fórum da comunidade CouchSurfing.org foram obtidas 2.237 respostas, num universo de cerca de 2 milhões de utilizadores registados, estimando-se que cerca de 30% são utilizadores regulares e participativos nos fóruns da comunidade.

Trata-se, por isso, de uma amostragem por conveniência, já que os elementos da amostra (unidades estatísticas amostrais que são aqui os praticantes de *couchsurfing*) são escolhidos por se encontrarem no local de recolha dos dados e por se encontrarem disponíveis para fornecer os dados.

O *software* de análise de dados utilizado foi o SPSS.

2.3 Análise dos dados

Na elaboração do questionário foi realizada a devida codificação das respostas, com exceção feita às questões 3 e 4, em que a codificação foi realizada *a posteriori*. Esta última foi efetuada com base no conjunto de respostas obtidas, dando um código numérico a cada país que tenha sido mencionado.

Caracterização sociodemográfica

As primeiras 12 questões, conforme mencionado, permitem-nos realizar um enquadramento sociodemográfico dos utilizadores que responderam à amostra. A amostra que foi inquirida apresenta uma média de idades de próxima dos 29 anos e sendo a maioria de sexo masculino, cerca de 60%. O histograma das idades mostra que as idades compreendidas entre pouco menos de 20 e os 40 anos se encontam representadas de forma mais ou menos equilibrada na amostra.

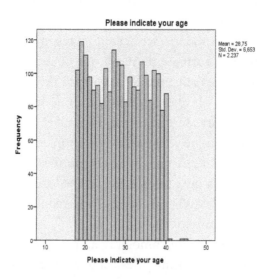

FIGURA 1 – Representação das idades dos indivíduos da amostra

É possível detetar a existência de vários membros nos mais diversos países, com uma maior incidência de pessoas naturais dos E.U.A., que também se verifica quando a questão é a residência atual.

O utilizador é, na maioria dos casos, estudante, solteiro, que viaja à sua custa e vive sozinho.

TABELA 1 – Frequência de respostas por estado civil

	Estado Civil	Frequência	Percentagem (%)
Valid	União de facto	228	10,2
	Divorciado	199	8,9
	Casado	224	10,0
	Solteiro	1385	61,9
	Viúvo	201	9,0
	Total	2237	100,0

TABELA 2 – Frequência de respostas por ocupação

Ocupação	Frequência	Percentagem (%)
Estudante	908	40,6
Empregado a tempo inteiro	391	17,5
Empregado a tempo parcial	344	15,4
Empreado por conta própria	292	13,1
Dona de casa	53	2,4
Desempregado	194	8,7
Reformado	55	2,5
Total	2237	100,0

De forma a caracterizar a amostra do ponto de vista de condição e autonomia financeira foram feitas algumas questões. Os dados recolhidos permitiram construir as seguintes tabelas:

TABELA 3 – Frequência de respostas por escalão de rendimento anual

	Rendimento Anual	Frequência	Percentagem (%)	Percentagem cumulativa
Classes	10 000 USD ou menos	328	14,7	14,7
	Entre 10 001 e 25 000 USD	1160	51,9	66,5
	Entre 25 001 e 50 000 USD	407	18,2	84,7
	Entre 50 001 e 75000 USD	174	7,8	92,5
	Entre 75 001 e 100 000 USD	55	2,5	94,9
	Mais do que 100 001 USD	54	2,4	97,4
	Não responde	59	2,6	100,0
	Total	2237	100,0	

Caracterização das motivações e comportamentos perante a utilização do couchsurfing enquanto viajante

As questões 13 à 27 permitem caracterizar as motivações e comportamentos dos viajantes face ao *couchsurfing*. A questão 13 avalia se os inquiridos já foram hospedados por um membro da comunidade enquanto viajantes. Se a resposta dada for afirmativa, serão consideradas as respostas às questões subsequentes. Se assim não ocorrer, e dado que o inquirido é automaticamente redirecionado para a questão 28, as respostas são propositadamente ignoradas. Ao nível da aplicação SPSS, a ausência de respostas às referidas questões é codificada com o valor 999 e todos as respostas ausentes serão considerados *missing values* (valores em falta), sendo excluídas da análise.

TABELA 4 – Tabela de frequência de inquiridos que recorreram ao *couchsurfing* como viajantes

Como turista já recorreu alguma vez ao *couchsurfing* no estrangeiro?		
	Frequência	Percentagem (%)
Sim	1172	52,4
Não	1065	47,6
Total	2237	100,0

Cruzando a utilização do serviço como viajante com algumas características sociodemográficas, constata-se que predominam os homens, solteiros, estudantes, com habilitações ao nível do pós-universitário, possuindo fonte de rendimento própria e que vivem sozinhos.

Quanto aos anfitriões, efetuamos a caracterização dos inquiridos segundo os mesmos critérios e conseguimos identificar um padrão em tudo semelhante ao dos viajantes. Os anfitriões são na sua maioria homens, solteiros, que vivem sós, estudantes e possuem fonte de rendimentos própria.

Um ponto importante do processo de *couchsurfing* reside sempre na aceitação, por parte do anfitrião, do viajante que solicitou acomodação bem como a motivação deste para um dado anfitrião. Para tal contribui informação detalhada que cada membro possui no sítio web sobre o seu perfil assim como o ranking de experiências já efetuadas e avaliadas por outros membros. Quisemos também identificar as motivações de cada um dos géneros na situação de anfitrião//viajante para escolha do respetivo viajante/anfitrião.

TABELA 5 – Cruzamento entre motivações para escolha do anfitrião por parte do viajante e género

| | | Género || Total |
		Feminino	Masculino	
As principais razões para acolher o viajante foram:	O anfitrião vive perto de locais interessantes	117	244	361
	Mesmas áreas de interesse	27	48	75
	Género	126	169	295
	Língua	19	22	41
	Aparência física	77	143	220
	Personalidade	72	92	164
	Outras	9	7	16
Total		447	725	1172

TABELA 6 – Cruzamento entre motivações para aceitação do viajante por parte do viajante e género

| | | Género || Total |
		Feminino	Masculino	
As principais razões para acolher o viajante foram:	Mesmas áreas de interesse	109	144	253
	Género	85	140	225
	Língua	45	58	103
	Aparência física	92	165	257
	Personalidade	99	161	260
	Outras	4	8	12
Total		434	676	1110

Neste ponto há uma divergência quanto às motivações de viajantes e anfitriões quanto à escolha do respetivo parceiro. Excluindo a opção, apenas presente como critério disponível para viajantes – proximidade de locais de interesse –, o interesse dos viajantes centra-se no género do anfitrião e na sua aparência, não havendo grande diferença entre os géneros. Na perspetiva dos anfitriões a motivação para escolha e aceitação de um viajante prende-se, no caso dos homens para: personalidade, aparência e áreas de interesse. No caso das mulheres a motivação tem particular destaque para: áreas de interesse; personalidade e aparência.

2.4. Conclusões

Face aos dados e resultados apresentados, foi possível chegar a um perfil sociodemográfico para o utilizador do *couchsurfing*. De uma forma geral os papeis de viajante ou de anfitrião revelaram--se homogéneos, estendendo-se esta homogeneidade ao género dos utilizadores. Tal poderia ser em parte explicado pelo facto dos utilizadores constituírem uma comunidade onde quem viaja e necessita de acomodação está naturalmente predisposto a também facilitar/ disponibilizar alojamento a quem se encontre na situação oposta. Ainda que haja uma maior população masculina do que feminina, a não existência de comportamentos distantes entre homens e mulheres poderá eventualmente ser explicada pela natureza e espírito aventureiro que possuem os utilizadores desta comunidade com um espírito ávido de intercâmbio e aculturação ante outras realidades. Por esse motivo, poderão ser explicadas outras motivações na utilização do serviço que não somente a busca de alojamento, mas também a procura de conhecimento, interação e amizade.

Convém lembrar que, pelas características do processo de amostragem por conveniência, os resultados obtidos devem apenas ser utilizados como um indicador do conceito de utilização do *couchsurfing*, não sendo possível inferir o comportamento da amostra para a população.

3. SEGUNDO CASO DE ESTUDO: *DUCT TAPE MARKETING*

Este segundo estudo é sobre *duct tape marketing*. O conceito sugere várias adaptações no tipo habitual de serviços de marketing que é proposto às empresas e nas estratégias e táticas que lhes são sugeridas. O seu criador, John Jantsch, é reconhecido como uma autoridade em marketing para pequenas empresas e é autor dos livros *Duct Tape Marketing: The World's Most Practical Small Business Marketing Guide* (Jantsch, 2007) e *The Referral Engine – Teaching Your Business to Market Itself* (Jantsch, 2010). Na internet existem vários materiais para aprofundar o conhecimento deste conceito, como, por exemplo, os sítios *www.ducttapemarketing.com* e *www.ducttapemarketingconsultant.com*

A rede de consultores deste conceito está presente em vários pontos dos EUA e Canadá e tem já consultores autorizados na Colômbia, Austrália, Bahrein e Reino Unido. O cliente-tipo da rede é definido como uma empresa sólida, com mais de 3 anos, entre 1 e 100 trabalhadores e com desejo de dar o passo seguinte numa estratégia de crescimento sustentado.

3.1. Definição do problema, elaboração de uma abordagem

O objetivo do presente estudo é verificar o impacto do *duct tape marketing* em Portugal. Apesar das suas vantagens serem inquestionáveis, uma vez que esta metodologia já foi testada em milhares de empresas, não se encontra garantido o sucesso deste conceito em Portugal. Por esta razão, decidimos fazer um estudo de mercado para avaliar a receptividade ao *duct tape marketing* por parte das PME portuguesas. Os objetivos específicos do estudo são:

1. Avaliar a importância do marketing para o negócio da empresa;
2. Saber em que contexto é realizado o marketing na empresa;
3. Saber o nível de utilização das novas tecnologias para fins de marketing;
4. Saber quais os possíveis motivos para a contratação de um consultor de marketing;
5. Saber quais os critérios para a escolha de um consultor externo;
6. Aferir como a empresa avalia a oferta de consultoria de marketing existente, face às suas necessidades.

População a estudar

Como este conceito é vocacionado para pequenas e médias empresas, a população a estudar são as PME de Portugal continental. Fazendo uma análise dos dados secundários existentes, conseguimos apurar que, segundo o INE, exisitiam em 2009 cerca de 1.060.000 PME em Portugal continental (INE, 2010). Destas, 95,7% são microempresas (com menos de 10 trabalhadores), 3,8% são pequenas empresas (contendo entre 10 e 49 trabalhadores) e 0,5% são médias empresas (contendo entre 50 e 249 trabalhadores). As grandes empresas não foram incluídas na população a estudar, uma vez que a oferta em estudo não é destinada a este tipo de empresas.

3.2. Formulação do projecto de pesquisa e trabalho de campo

Questionário e pré-teste

Para encontrarmos respostas ao nosso problema, socorremo-nos do melhor amigo do *market researcher* que gosta de rapidez e eficácia a baixo custo, o *web based survey*. Conscientes, claro está, de que este meio de inquirição peca por apenas chegar a quem na net sabe operar. A escolha da ferramenta recaiu no Formulário Google (Google Forms), pela sua facilidade de utilização, difusão e recolha de resultados.

Foi feito um pré-teste do questionário com os colegas de curso da Pós-Graduação em Gestão da Informação e Marketing Intelligence da Porto Business School. Com base nesse pré-teste, eliminámos as questões: "Considera necessário traduzir de inglês para português os materiais de estudo e de formação *on line*?" e "Tenciona contratar um(a) consultor(a) de marketing nos próximos 12 meses?" Estas questões foram retiradas, porque os inquiridos consideraram o questionário demasiado longo. Foi feita uma revisão do questionário para encontrar questões que se poderiam eliminar sem comprometer os objectivos do mesmo. No primeiro caso, todas as respostas apontavam para a necessidade de tradução dos conteúdos, o que era também o nosso entendimento à partida, sendo por isso retirada. Na segunda questão, considerámos que as respostas traduziriam uma simples manifestação de intenções cuja probabilidade de se converterem na contratação efetiva de um consultor era reduzida. Trocámos também a ordem de algumas questões para as juntar em grupos lógicos.

O questionário encontra-se disponível no Anexo 2.

Método de amostragem e recolha de dados

Devido à impossibilidade de acesso a listagens completas da população em estudo (PME portuguesas), não pudemos utilizar nenhum método probabilístico. Escolhemos, por isso, a amostragem por quotas, que correspondem à partição da população em categorias, onde se selecciona um certo número (quota) de elementos por um critério não aleatório. As partições ou estratos aqui utilizados foram obtidos com base nos dados do Instituto Nacional de Estatística (INE) sobre o número, setores e dimensão das empresas em Portugal. Apesar de acharmos importante a classificação por setor de actividade, optámos por agrupar os setores de actividade em três grandes grupos com vista a conseguirmos ter inquiridos na maioria dos estratos sem necessitar de uma amostra gigantesca. Dividimos ainda as empresas de acordo com a sua dimensão (número de trabalhadores) em micro, pequenas e médias empresas. O tamanho da amostra que nos pareceu exequível foi de 1000 empresas. Partindo desta dimensão de amostra foram definidos nove estratos de acordo com a tabela seguinte:

TABELA 7 – Partição efetuada para a amostragem por quotas do segundo estudo

Setor / Dimensão	Micro (95,7%)	Pequenas (3,8%)	Médias (0,5%)	Total
Primário (0,6%)	4	1	0	5
Secundário (17,3%)	152	18	3	173
Terciário (82,1%)	800	20	2	822
Total	956	39	5	1000

A ideia-base deste tipo de amostragem consiste no preenchimento da amostra à medida que os entrevistados com as características pretendidas vão perfazendo as quotas disponíveis.

O processo de recolha de dados teve início no dia 16 de fevereiro de 2012 e terminou no dia 3 de março de 2012.

3.3. Análise dos dados

Vamos concentrar a análise em algumas das questões a partir da questão 5.

Das empresas inquiridas, verificou-se que 41% não têm um responsável de marketing e que 32% dos respondentes indicaram que o responsável de marketing é uma chefia de topo.

Quanto à questão 6, sobre o planeamento de marketing para lançamento de novos produtos ou serviços, verificou-se que este só é feito a médio/longo prazo em 27% das empresas inquiridas. Apenas uma das empresas respondentes faz planeamento de marketing para campanhas/promoções em produtos ou serviços existentes num horizonte temporal superior a um ano. Em termos de resposta à concorrência, de forma previsível 59% das empresas da amostra fazem planeamento de marketing em resposta à concorrência esporadicamente ou sem planeamento. Mais surpreendente é o facto de que são mais as que o fazem a longo prazo em resposta à concorrência do que para promover produtos ou serviços existentes.

TABELA 8 – Classificação da utilização, para fins de marketing, que a empresa faz de algumas ferramentas

Ferramenta/Nível de utilização	Nunca usou / Desconhece	Já usou, mas desistiu	Fase experimental	Uso frequente, mas há aspetos a melhorar	Utilização avançada
Página na Internet	7%	2%	14%	44%	33%
E-mail	26%	0%	7%	26%	42%
Publicidade em sites	49%	5%	5%	23%	19%
Publicidade em motores de busca	47%	5%	12%	16%	21%
Optimização de conteúdos para motores de busca (SEO)	60%	2%	7%	14%	16%
Blogues	70%	2%	5%	14%	9%
SMS	67%	0%	9%	12%	12%
Optimização do site para telemóvel/smartphone	72%	0%	14%	5%	9%
Aplicações para telemóvel/tablet e/ou publicidade para as mesmas	70%	0%	16%	7%	7%
Facebook	37%	5%	19%	26%	14%
LinkedIn	72%	5%	9%	2%	12%
Outras redes sociais	79%	0%	5%	7%	9%
Twitter	89%	0%	0%	9%	2%

A tabela 8 descreve as respostas à questão 7, sobre a utilização, para fins de marketing, que a empresa faz de várias ferramentas informáticas. Podemos observar que a opção mais escolhida foi "Nunca usou / desconhece" para todas as ferramentas, exceto para a página na internet e o email. O e-mail foi mesmo a única ferramenta em que a opção mais escolhida foi "utilização avançada", existindo, mesmo assim, um conjunto significativo de respondentes (26%) que nunca usaram ou desconhecem a utilidade desta ferramenta para fins de marketing. Dentro das ferramentas em que a opção "Nunca usou / Desconhece" foi a mais selecionada, o Facebook é a com maior nível de utilização e o Twitter a menos utilizada.

Uma análise mais cuidada, que se obtém pelo cruzamento (*crosstabs*) obtido pelo SPSS entre a utilização do facebook e a dimensão das empresas permitiu-nos descobrir algumas diferenças, patentes na tabela 9. Como se pode verificar na tabela, as empresas de média dimensão são as que menos dominam a utilização do facebook.

TABELA 9 – Cruzamento entre os níveis de utilizaçao do Facebook e a dimensão das empresas da amostra

Número de trabalhadores	Nunca sou/ Desconhece	Já usou, mas desistiu	Fase experimental	Uso frequente, mas há aspetos a melhorar	Utilização avançada
1 a 9	30%	0%	30%	20%	20%
10 a 49	25%	13%	13%	38%	13%
50 a 99	60%	0%	20%	0%	20%
100 a 249	75%	0%	0%	25%	0%
250 ou mais	38%	0%	25%	25%	13%
Total	37%	5%	19%	26%	14%

Como resposta à questão 8, nota-se que a maioria das empresas inquiridas (52%) nunca contratou consultores de marketing externos. Um desdobramento das respostas obtidas de acordo com a dimensão das empresas respondentes revela que a dimensão das empresas parece condicionar as respostas. A maioria das micro e pequenas empresas nunca contratou um consultor, enquanto a maioria das médias já o fez.

Os motivos que mais impulsionariam a contratação de um(a) consultor(a) de marketing são a internacionalização e a elaboração de um plano de marketing. Num segundo plano, mas ainda com valores a ter em conta, temos o estudo de mercado e a campanha publicitária. Em termos de recetividade ao conceito, estes resultados são mistos, já que, se por um lado, o conceito inclui a elaboração de planos de marketing, também faz uma aposta forte nas redes sociais e motores de busca, algo que parece ainda não estar nas prioridades das empresas da amostra.

Quanto à questão 15, observou-se que 72% dos inquiridos expressaram um nível de interesse entre o 5 e o 7 pela possibilidade de receber formação em conjunto com os serviços de consultoria. Aqui parece haver uma clara apetência pelo tipo de oferta do conceito *duct tape marketing*. Um cruzamento entre a dimensão da empresa e o interesse neste serviço, permite concluir que micro-empresas são as menos interessadas em receber formação em conjunto com a consultoria.

TABELA 10 – Cruzamento entre a dimensão da empresa e o interesse neste serviço

Número de trabalhadores	Interesse em receber consultoria e formação						
	1	2	3	4	5	6	7
1 a 9	10%	20%	0%	20%	0%	40%	10%
10 a 49	0%	6%	6%	13%	38%	31%	6%
50 a 99	0%	0%	0%	0%	40%	20%	40%
100 a 249	0%	0%	0%	50%	0%	25%	25%
250 ou mais	0%	0%	13%	0%	13%	50%	25%
Total	2%	7%	5%	14%	21%	35%	16%

3.4. Conclusões

Da análise dos resultados obtidos neste inquérito, podemos concluir que um número significativo das empresas inquiridas beneficiaria da contratação de um consultor *duct tape marketing* para apoio na definição da estratégia de marketing e implementação de novas ferramentas. No entanto, analisando o seu comportamento passado, podemos verificar que a maioria das micro e pequenas empresas estudadas nunca contratou um consultor de marketing externo. Este facto pode ser encarado como uma oportunidade para um conceito que foi especialmente concebido para este tipo de empresas, mas também como uma dificuldade acrescida, pois implicará uma mudança de atitude relativamente aos consultores externos. Se considerarmos que apenas 20% das empresas inquiridas avaliam a oferta existente de consultoria de marketing como desadequada, a balança parece pender mais para a segunda opção. Existe, todavia, um número significativo de empresas que não sabe avaliar a oferta existente, ou preferiu não responder a esta questão.

Quanto aos motivos que levariam as empresas a contratar um consultor de marketing externo, os resultados obtidos também não são conclusivos. Por um lado, a elaboração de um plano de marketing foi um dos motivos mais escolhidos, o que vai claramente ao encontro da oferta *duct tape marketing*.

Por sua vez, a vertente digital da oferta (redes sociais e motores de busca) não parece ter tanta procura por parte das empresas em análise.

Um dos fatores diferenciadores do conceito é juntar consultoria e formação. Esta possibilidade registou um nível de aceitação elevado junto das empresas da amostra, com exceção das microempresas. No entanto, a vertente de formação *on line* poderá não ter grande aceitação. Apesar de não se poder dizer que existe um grande interesse por um conceito especificamente concebido para PME, parece haver, pelo menos, uma predisposição para se saber mais sobre o assunto. Isto poderá indicar alguma recetividade para participar em reuniões ou ler materiais de apresentação do conceito *duct tape marketing*.

4. REFERÊNCIAS

IBM SPSS Statistics (2010). < http://www.spss.com/statistics/ >.

INE – Instituto Nacional de Estatística (2010), Anuário Estatíto da Região Norte.

JANTSCH, John (2007), *Duct Tape Marketing: The World's Most Practical Small Business Marketing Guide*, Tomas Nelson.

JANTSCH, John (2010), *The Referral Engine – Teaching Your Business to Market Itself*, Penguin Books.

MALHOTRA, Naresh K (2001). *Pesquisa de Marketing: Uma Orientação Aplicada* (3.ª ed.) 2001. Porto Alegre: Bookman.

REIS, Elizabeth e MOREIRA, Raul (1988). *Pesquisa de Mercado*. Edições Sílabo, Lisboa.

ANEXO 1: Questionário para a caracterização e preferências dos membros de *couchsurfing*

Texto introdutório apresentando o questionário realizado

PÁGINA 1:

* Required

Top of Form

1 – **Please indicate your age** *

[   ]

2 – **Please indicate your gender** *

○ Female   ○ Male

3 – **What is your nationality?** *

[   ]

4 – **What is your country of residence?** *

[   ]

5 – **What is your marital status?** *

○ Civil ○ Divorced ○ Married ○ Single ○ Widowed

6 – **What is your highest level of education?** *

○ Elementary school ○ High School ○ College ○ Graduate school ○ None

7 – **What is your employment status?** *

○ Student ○ Full time employed ○ Part time employed ○ Self-employed

○ Housewife/husband ○ Unemployed ○ Retired

8 – **What is your main source of financial support?** *

○ My income (paycheck or income from business) ○ Family support

○ Unemployment benefits ○ I prefer not to answer

9 – **Please indicate your total annual net income:** *

○ 10000 USD or less ○ Between 10001 and 25000 USD ○ Between 25001 and 50000 USD

○ Between 50001 and 75000 USD ○ Between 75001 and 100000 USD

○ More than 100001 USD ○ I prefer not to answer

10 – **Where do you live?** *

○ In my own house ○ In my parents' house ○ In a co-owned house ○ Rented house

○ Friend's house

11 – **How many other people live in the same house with you?** *

○ None ○ One ○ Two ○ More than two

12 – **Do you have children?** *

○ None ○ One ○ Two ○ More than two

A partir deste ponto foram então formuladas para captar as motivações do utilizador de *couchsurfing*, como se poderá perceber pelas questões apresentadas de seguida:

PÁGINA 2:

13 – As a traveller, have you ever used Couchsurfing in order to travel abroad? *

○ Yes ○ No

14 – How many times? *

[ ]

15 – How many times in the last 12 months? *

[ ]

16 – On average, how many other people travelled with you? *

○ None ○ One ○ Two ○ More than two

17 – The main reason for having chosen your host was: *

○ The host lives next to main attraction ○ Same fields of interest ○ Gender
○ Language ○ Physical appearance ○ Personality ○ Other

18 – What type of tourism do you enjoy the most? *

○ Adventure ○ Cultural ○ Ecotourism ○ Gastronomic ○ Nightlife
○ Religious ○ Shopping ○ Sport ○ Sun-and-beach ○ Volunteering
○ Other

Using a scale ranging from Extremely Low – 1 to Extremely High – 5, please rate each of the following aspects that led you into using Couchsurfing

19 – Financial reasons – namely free accommodation *

	1	2	3	4	5	
Extremely Low	○	○	○	○	○	Extremely High

20 – **Through my host, or network, at Couchsurfing, I got a better understanding of the local culture and lifestyle ***

	1	2	3	4	5	
Extremely Low	○	○	○	○	○	Extremely High

21 – **Through my host, or network, at Couchsurfing, I had the chance to meet and know native people in the visited places ***

	1	2	3	4	5	
Extremely Low	○	○	○	○	○	Extremely High

22 – **Through my host, or network, at Couchsurfing, I discovered local food, either by being cooked at host's house or by visiting my host's favourite typical food reataurants ***

	1	2	3	4	5	
Extremely Low	○	○	○	○	○	Extremely High

23 – **Couchsurfing allowed me more freedom in opposition to mass tourism ***

	1	2	3	4	5	
Extremely Low	○	○	○	○	○	Extremely High

24 – **Through my host, or network, at Couchsurfing, I had the chance to know less touristic places or otherwise not so well known and promoted in the local touristic circuit ***

	1	2	3	4	5	
Extremely Low	○	○	○	○	○	Extremely High

25 – **Usually, on previous travels, while staying at your host's home, where did you eat? ***

○ Touristic areas   ○ Local restaurants   ○ Cooked at host's home   ○ Fast food restaurants
○ Pic nics   ○ Other

26 – **In the absence of accommodation provided by Couchsurfing, what would have been your favourite type of accommodation? ***

○ Youth hostels   ○ Hostels   ○ Bed & Breakfast hotels   ○ Hotels   ○ Camping

27 – **Suppose that at the place you chose to visit, there won't be couchsurfers with availability to accommodate you, will you still try to meet with local couchsurfers in order to socialize, have a drink or guide you through the town/region?** *

○ Yes ○ No

PÁGINA 3:

28 – **Have you ever used Couchsurfing before in a way to accommodate a traveller at your home?** *

○ Yes ○ No

PÁGINA 4:

29 – **As a host, when receiving a couchsurfer at your home, do you try to offer him something more than the accommodation itself, for instance, guide him through town, interesting spots, make him know local food, etc?** *

○ Yes ○ No

30 – **As a host, the most common reason for choosing/accommodating a traveller at your home is:** *

○ Same fields of interest ○ Genre ○ Language ○ Physical appearance

○ Personality ○ Other

Na elaboração do questionário foi realizada a devida codificação das respostas, com exceção feita às questões 3 e 4, onde a codificação foi realizada *a posteriori*. Esta última foi efetuada com base no conjunto de respostas obtidas, dando um código numérico a cada país que tenha sido mencionado.

Países:	Código:
Argentina	1
Australia	2
Austria	3
Bolivia	4
Brazil	5
Canada	6
Chile	7
China	8
Colombia	9
Czech Republic	10
France	11
Germany	12
Israel	13
Italy	14
Japan	15
Netherlands	16
Poland	17
Portugal	18
Russia	19
Spain	20
Taiwan	21
Turkey	22
United Kingdom	23
United States	24

Anexo 2: Questionário sobre *duct tape marketing*

Caracterização primária	
1. Distrito da sede da empresa * ---Escolha uma opção--- **2. Número de trabalhadores da empresa** * ---Escolha uma opção--- **3. Volume de negócios anual da empresa** * ---Escolha uma opção--- **4. Principal sector de actividade da empresa** * ● Pesca e aquicultura ● Indústrias extractivas ● Indústrias transformadoras ● Electricidade, gás, vapor, água quente e fria e ar frio ● Captação, tratamento e distribuição de água; saneamento, gestão de resíduos e despoluição ● Construção ● Comércio por grosso e a retalho; reparação de veículos automóveis e motociclos ● Transportes e armazenagem ● Alojamento, restauração e similares ● Actividades de informação e de comunicação ● Actividades imobiliárias ● Actividades de consultoria, científicas, técnicas e similares ● Actividades administrativas e dos serviços de apoio ● Educação ● Actividades de saúde humana e apoio social ● Actividades artísticas, de espectáculos, desportivas e recreativas ● Outras actividades de serviços ● Outra:	As questões introdutórias no questionário, visam uma caracterização primária da PME em análise. Pretendia-se obter dados da sua localização (Distrito), da sua dimensão (N.º de trabalhadores e Volume de negócios) e do seu ramo de atividade. Estes dados poderão ser relevantes para que, com base nas restantes repostas, se identifiquem padrões. Padrões esses que possibilitaram aferir uma proposta de valor mais adequada numa futura promoção do *duct tape marketing*.

Qual, actualmente, a importância/papel do Marketing nas PME´s	
5. A sua empresa tem um(a) responsável de marketing? ● Sim, na pessoa de uma chefia de topo ● Sim, na pessoa de uma chefia intermédia ● Sim, na pessoa de um assistente ● Não ● Outra:	Esta questão pretendia aferir a que nível de responsabilidade o marketing é tratado nas PME. Pode aferir-se, indirectamente e com reservas, qual o grau de importância do marketing para a empresa.

6. O seu planeamento de Marketing/Publicidade é feito com que objectivo/regularidade?

	A longo prazo (a 1, 2 ou mais anos)	A médio prazo (a 1, 3 ou 6 meses)	Esporadicamente (quando se justifica)	Sem planeamento (decisão reactiva)	Não sabe / Não responde
Promoção da Empresa/Marca	○	○	○	○	○
Lançamento de novos produtos/serviços	○	○	○	○	○
Campanhas/Promoções em produtos/serviços existentes	○	○	○	○	○
Em resposta à concorrência	○	○	○	○	○

Tentamos perceber quais os motivadores para o marketing e qual a sua periocidade.

7. Classifique a utilização, para fins de marketing, que a sua empresa faz das seguintes ferramentas

	Nunca usou/Desconhece	Já usou, mas desistiu	Fase experimental	Uso frequente, mas há aspectos a melhorar	Utilização avançada
Página na Internet	○	○	○	○	○
E-mail	○	○	○	○	○
Publicidade em sites	○	○	○	○	○
Publicidade em motores de busca	○	○	○	○	○
Optimização de conteúdos para motores de busca (SEO)	○	○	○	○	○
Blogues	○	○	○	○	○
SMS	○	○	○	○	○
Optimização do site para telemóvel/smartphone	○	○	○	○	○
Aplicações para telemóvel/tablet e/ou publicidade para as mesmas	○	○	○	○	○
Facebook	○	○	○	○	○
LinkedIn	○	○	○	○	○
Outras redes sociais	○	○	○	○	○
Twitter	○	○	○	○	○

Aqui vamos um pouco mais fundo tendo em vista perceber o nível de conhecimento \ utilização das ferramentas de marketing mais em voga. Estas ferramentas são também as que servirão de base para a implementação do método *duct tape marketing*.

Consultoria em Marketing – Passado, Presente e Futuro

8. A sua empresa já alguma vez contratou consultores de marketing externos?
- Sim
- Não
- Não sabe / Não responde

9. Considera a oferta de consultoria de marketing existente adequada às necessidades da sua empresa?
- Sim
- Não
- Não sabe / Não responde

10. Que necessidade(s) tem a sua empresa que não são satisfeitas pela oferta existente de consultoria de marketing?

Estas questões procuram obter informação das empresas face às experiências atuais e passadas com consultoria de marketing, nomeadamente se alguma vez recorreu a esse serviço, se considera a oferta adequada e se face a esta existem necessidades por satisfazer.

11. Que motivo(s) levariam a sua empresa a contratar um(a) consultor(a) de marketing?
- Elaboração de um Plano de Marketing
- Estudo de mercado
- Internacionalização
- Novo produto / serviço
- Campanha publicitária
- CRM
- Apoio na utilização das Redes Sociais
- Melhorar o ranking nos motores de busca
- Publicidade online
- Não sabe / Não responde

12. Que factores considera importantes na escolha de um consultor externo?
- Reputação dos consultores
- Serviços oferecidos
- Preço
- Conhecimento pessoal
- Recomendação de amigo / conhecido
- Proximidade geográfica
- Não sabe / Não responde
- Outra:

Nesta dupla de questões procura-se saber quais os motivos e quais os fatores a serem tomadas em conta para uma hipotética contratação.

13. Suponha que lhe falaram numa empresa de consultoria de marketing com um conjunto de serviços desenhados especificamente para pequenas e médias empresas. Esta oferta seria interessante para a sua empresa? *
Classifique de 1 a 7 o grau de interesse que esta oferta teria para a sua empresa.

1   2   3   4   5   6   7
Nada interessante ● ● ● ● ● ● ● Muito interessante

14. Que esquema de preços para serviços de consultoria considera mais adequado às necessidades da sua empresa? *
- Valor fixo por hora
- Orçamento caso a caso
- Valor definido para serviços, ou conjuntos de serviços
- Não sabe / Não responde
- Outra: _____

15. Como avalia a possibilidade de receber formação em conjunto com os serviços de consultoria? *

1   2   3   4   5   6   7
Nada interessante ● ● ● ● ● ● ● Muito interessante

16. Que tipo de formação considera mais vantajosa? *
- Presencial individual
- Presencial em grupo
- Online
- Mista
- Não sabe / Não responde

17. Como avalia a possibilidade de receber materiais para auto-estudo? *

1   2   3   4   5   6   7
Nada interessante ● ● ● ● ● ● ● Muito interessante

Para terminar, focaliza-se na proposta de valor a ofecer, aferindo interesse sobre o conceito, sobre a complementariedade da formação e seu formato, bem como o esquema de preço que a acompanha.

Novas tendências e desafios na pesquisa de mercados

ANA SILVA

RESUMO

A pesquisa de mercados (*market research*) estará a viver atualmente um período de mudança, de interrogação sobre o trabalho desenvolvido e sobre as metodologias aplicadas hoje em dia e um período de reflexão sobre a resposta futura aos desafios colocados. A rápida mutação no mundo empresarial, a crescente complexidade do consumidor dos dias de hoje e a explosão de fenómenos como o das redes sociais têm lançado importantes desafios à indústria de *market research*.

O consumidor moderno é cada vez mais difícil de decifrar através de métodos mais tradicionais de *research*, porque ele desafia muitas vezes as categorias "tradicionais" de segmentação de mercado ao exibir padrões de comportamento e atitudes aparentemente contraditórios ou consistentes, dificultando a interpretação de dados obtidos através de inquéritos convencionais.

Vários autores acreditam que a indústria de *research* se deve adaptar a uma nova realidade, usando a Web 2.0 como plataforma de pesquisa e adotando uma abordagem de rede social.

Este trabalho aborda as novas tendências e desafios que se colocam hoje à indústria de *market research* (pesquisa de mercado) numa altura em que esta repensa as suas metodologias e incorpora novas técnicas e ferramentas.

1. INTRODUÇÃO

A área de *market research* está a viver atualmente um período de mudança, de interrogação sobre o trabalho desenvolvido e as metodologias aplicadas hoje e de reflexão sobre a resposta futura aos desafios colocados.

Este trabalho explora alguns dos desafios que influenciam presentemente a área de *market research* e os novos conceitos, técnicas e recursos que daí derivam, com especial relevância para a importância do fenómeno Web 2.0 e redes sociais.

Para efeitos deste texto, as referências *market research* e *marketing research* serão utilizadas como sinónimos. Alguns conceitos serão referidos na sua língua original para melhor compreensão e por falta de uma tradução adequada.

2. DESAFIOS ATUAIS NA ÁREA DE *MARKET RESEARCH*

Segundo Maklan, Knox, e Ryals (2008), o novo consumidor rejeita muitas vezes categorizações cuidadosamente definidas na segmentação de mercados e exibe padrões de atitude e de comportamento aparentemente contraditórios e inconsistentes que podem fazer com que a interpretação dos dados gerados pelos inquéritos seja um desafio. A evolução recente do *market research* passou, entre outros aspetos, pela introdução de novos instrumentos como é o caso do crescente recurso a inquéritos *on line*, procurando-se assim adaptar a pesquisa a novos meios de interação.

No entanto, a rápida mutação no mundo empresarial, a crescente complexidade do consumidor dos dias de hoje, e a explosão de fenómenos como o das redes sociais têm lançado importantes desafios à indústria de *market research*.

Alguns autores (Medcalf & Dodd, 2008) afirmam mesmo que a pesquisa de mercado se encontra numa encruzilhada por não ter conseguido acompanhar a evolução observada ao nível do marketing, argumentando que mais do que perceber o que os consumidores pensam, o futuro do *market research* passará por compreender como os consumidores se comportam.

Num mundo onde as pessoas vivem e trabalham cada vez mais em rede, tanto na esfera pessoal como profissional, o repto para os *marketeers* de hoje parece ser o descobrir como é que as ideias e as marcas são comunicadas na esfera das redes e sistemas sociais. Mais do que o comportamento individual, os profissionais do marketing procuram compreender como se rege o mundo das tribos, das pequenas (ou não tão pequenas quanto isso) comunidades de pessoas que partilham algo em comum, algo tão diferente como a paixão por legos ou o gosto por um determinado tipo de música. Consumidores de todas as raças, credos, estratos sociais, géneros e idades, espalhados por todo o mundo, comunicando, colaborando e interagindo à distância de um clique.

Tal como referem Maklan, Knox e Ryals (2008), o consumidor moderno é cada vez mais difícil de decifrar através de métodos mais tradicionais de *research*, isto porque o novo consumidor desafia muitas vezes as categorias "tradicionais" de segmentação de mercado ao exibir padrões de comportamento e atitudes aparentemente contraditórios ou consistentes, dificultando a interpretação de dados obtidos através de inquéritos convencionais.

Simultaneamente, o novo consumidor está cada vez mais informado sobre os produtos, as marcas e as empresas, consultando e comunicando com outros consumidores em redes virtuais de interesses comuns.

Cooke e Buckley (2008) afirmam que as pessoas não dizem o que querem dizer nem querem dizer o que dizem: as pessoas dançam com as marcas, as marcas estão emocionalmente ancoradas e as palavras são ferramentas pobres; o inconsciente existe, assim como existe a intuição. As emoções mandam e os comportamentos e atitudes são dependentes do contexto. A memória é dinâmica e não existe outra coisa que não a verdade absoluta.

Também Cooke e Buckley (2008) argumentam que o *market research* não está a ser capaz de acompanhar a rápida evolução de uma sociedade cada vez mais complexa e fragmentada, levando a um descontentamento das empresas que recorrem aos seus serviços para decifrarem os seus consumidores/clientes. Estes autores acreditam que a indústria de *research* se deve adaptar a uma nova realidade, usando a Web 2.0 como plataforma de pesquisa e adotando uma abordagem de rede social. Para tal, identificaram 6 tendências (exploradas na secção seguinte) que poderão ajudar os *researchers* a desenvolver as bases para uma nova abordagem.

Na opinião destes autores, à medida que a indústria de *research* for explorando novas formas de interação como as redes sociais, estará mais apta a analisar múltiplas fontes de dados, e sentir-se-á tão confortável com este tipo de conteúdos *user-generated* como com as formas tradicionais de recolha de dados que têm sido praticadas ao longo dos últimos 50 anos.

Similarmente, no domínio dos negócios as empresas procuram cada vez mais desenvolver relações com os seus consumidores ou clientes de uma forma colaborativa e participativa, através do envolvimento desses mesmos clientes na cocriação de valor para o desenvolvimento de novos produtos, serviços ou soluções. E mesmo no seio das empresas a colaboração é cada vez mais interfuncional e por projeto, de maior ou menor dimensão, congregando pessoas de diferentes "departamentos" e até mesmo parceiros externos.

Também Maklan, Knox e Ryals (2008) chamam a atenção para a tendência crescente de cocriação de valor entre clientes e fornecedores, uma componente cada vez mais presente nas estratégias de inovação de muitas empresas e usando como base para gestão dessas relações colaborativas as tecnologias na Internet.

Neste contexto, os métodos tradicionais de *market research* parecem de algum modo desajustados por não conseguirem captar as interações – ou "conversas" – que surgem da crescente participação e colaboração em rede, em detrimento do individual.

Deste modo, os desafios que daqui advêm para a área de *market research* parecem indicar uma mudança de paradigma de um foco no consumidor/cliente para um foco na rede/tribo. E assim sendo, o modo como os *marketeers* pesquisam (n)as redes sociais surge como um novo desafio, talvez um dos desafios mais importantes dos últimos tempos para este sector.

3. NOVAS TENDÊNCIAS, TÉCNICAS E RECURSOS

FIGURA 1 – *Buzzwords* atuais no *market research* (via wordle.net)

3.1 Tendências

Os desafios que se colocam atualmente na área de *market research*, explorados na secção anterior, conduziram ao aparecimento de novas tendências e, consequentemente, à procura de novas técnicas e utilização de diferentes recursos.

Cooke e Buckley (2008) destacaram 6 grandes tendências que estão a servir de suporte para o desenvolvimento de novas técnicas e abordagens. Exploremos um pouco essas tendências.

Estes autores começam por destacar o aparecimento do movimento **open source**, que se baseia na partilha de propriedade intelectual e no seu desenvolvimento de forma colaborativa para se conseguir uma evolução melhor e mais rápida no mundo digital. Originário no mundo da tecnologia, nomeadamente no campo do *software*, este conceito tem-se expandido para outras áreas, sobretudo no campo da inovação (*open innovation*), tornando as metodologias transparentes e utilizando o poder intelectual de uma audiência bastante mais vasta, por vezes à escala global, para o desenvolvimento de produtos.

O *market research* deveria caminhar para uma abordagem *open source* no sentido de abrir o processo de *research* a vários intervenientes, bem como a fontes de informação mais informais, de forma a traçar um perfil mais completo dos consumidores.

A segunda tendência citada é o surgimento do **social media**, ou seja, a explosão de conteúdos produzidos por utilizadores "anónimos", sob a forma de *blogs*, *microblogging* ou outros, e que fizeram esbater a fronteira entre os conteúdos profissionais e os amadores. Mais do que influenciar os consumidores, os novos meios de comunicação parecem ser influenciados por eles através de mecanismos de classificação (*rating* e *ranking*), comentários, leituras (*reviews)* e respostas. O *market research* deveria ser capaz de perceber as interações que se desenvolvem em torno desta utilização liberal, democrática e aberta dos média.

A terceira tendência destacada por Cooke e Buckley é a da importância das **redes sociais**. Os consumidores devem ser vistos não como indivíduos isolados que apresentam determinado tipo de comportamento, mas sim como membros de diferentes "tribos", representando papéis distintos em cada uma dessas comunidades. Tradicionalmente existem perfis diferentes dentro de cada tribo, mas a regra passa normalmente pela existência de um pequeno número de pessoas que lideram e influenciam a comunidade, enquanto os restantes membros têm uma atitude mais passiva. Os *marketeers* que conseguirem identificar e compreender estas dinâmicas de grupo conseguirão focar os seus recursos de forma a trabalharem com os líderes dentro de cada comunidade.

O estudo de redes sociais, vastamente utilizado por sociólogos e outros académicos para análise dos fluxos de informação dentro de redes e o papel dos líderes, tem ainda a potencialidade de permitir aos *marketeers* a deteção precoce de sinais de mudança ou tendências dos consumidores, sinais não detetados pela via tradicional de *research*. Além disso, as próprias redes sociais podem funcionar como instrumentos para levar a cabo tarefas de *market research*.

Ainda nesta linha, os autores destacam como quarta tendência o fenómeno da **Web 2.0**, ou seja, o aparecimento de uma nova geração de ferramentas e serviços que permitem a qualquer indivíduo criar/partilhar conteúdos e colaborar *on line*. Para além das vantagens inerentes a este conceito, em termos de democratização da rede e do acesso à criação de conteúdos e informação, a perspetiva mais interessante para o *marketing research*, e quinta tendência identificada por estes autores, passa pela possibilidade de criação de **comunidades *on line***, um assunto que será posteriormente abordado com mais detalhe.

Como sexta tendência e consequência de todos os aspetos abordados até aqui, Cooke e Buckley destacam a crescente necessidade de a indústria de *market research* ser capaz de lidar com **fontes diversas de dados**, usando simultaneamente abordagens quantitativas e qualitativas, e misturando métodos de pesquisa online e *off line* como forma de obter um conjunto de informação mais rico sobre o perfil do consumidor.

Estas tendências, quando tomadas em conjunto, estão a criar excelentes novas oportunidades na pesquisa de mercados. O movimento de código aberto (*open source*) tem libertado o nosso pensamento, democratizou a produção e a distribuição de informação. Criou *software* para a Web 2.0 que podemos utilizar, enquanto a evolução do panorama dos meios de comunicação social tem educado uma proporção crescente das pessoas na utilização das redes sociais e milhões delas estão a criar conteúdo e estabelecer relações sobre esses sites.

3.2 Research 2.0: On line Research Communities

Cooke e Buckley sugerem que o *market research* aproveite as potencialidades que derivam das tendências identificadas anteriormente para criar um novo tipo de painéis de pesquisa num estilo mais colaborativo (*participatory panels*) e de comunidade (*research community*).

Ao contrário dos métodos tradicionais, o tipo de informação que daí originará não se cinge a dados resultantes de questionários formais, e a dinâmica de grupo criada será também muito distinta. Neste novo tipo de comunidades de pesquisa, a informação fluirá da interação que for estabelecida entre os inquiridores, os inquiridos e as empresas que contratam os serviços de *research*, com o *software* ao estilo 2.0 a facilitar essa comunicação e interação entre os diversos participantes de um modo assíncrono e durante um período mais ou menos alargado de tempo. Outra característica diferenciadora é o facto de os conteúdos e das discussões serem influenciadas por todos os participantes e não apenas pelo inquiridor.

Nasce assim um novo tipo de relacionamento entre os diferentes participantes nestes painéis. A comunicação deixa de ser *top-down* para passar a assumir interações diferentes: entre o inquiridor e o inquirido, entre o inquirido e a empresa cliente, e também entre inquiridos. Como consequência, o inquiridor deixa de ser um mero avaliador de atitudes e comportamentos, para passar a ser um parceiro na relação de colaboração que se estabelece entre inquiridos e empresa cliente. E surge também um grande desafio para o inquiridor: saber lidar com um ambiente mais "confuso", com várias interações em diversos sentidos, grande parte delas entre membros do painel.

Cooke e Buckley destacam o facto de a utilização de comunidades *on line* para pesquisa implicar alguma perda de controlo por parte do inquiridor, dado o tipo de interações que se desenvolvem e a própria natureza deste estilo de redes. Assim sendo, o inquiridor pode estimular conversas ou interações mas não as pode controlar, estando grande parte da resposta ao estímulo do lado dos membros do painel. E se pensarmos que nestes casos poderemos estar a falar de grandes grupos, com interações simultâneas e em todos os sentidos e que se prolongam por um período de dias ou semanas, mais complicada será a tarefa do inquiridor e maior será o grau de controlo que ele deverá estar disposto a abdicar. No entanto, e na opinião destes autores, os benefícios que fluem deste tipo de comunidades de pesquisa ultrapassam claramente os contras.

Pete Comley (2008) abordou também a temática da criação de comunidades de pesquisa *on line* (*on line research communities*) como um dos novos recursos ao dispor deste novo paradigma de *market research*, já apelidado por alguns como *research 2.0*. Seguindo a linha de Cooke e Buckley, Comley aponta como razões para a emergência deste novo conceito a crescente perceção de que os modelos tradicionais de pesquisa começam a ser questionados, a descida na taxa de resposta a questionários (tanto *on line* como *offline*), e a mudança nas expectativas dos consumidores relativamente aos questionários, nomeadamente no que diz respeito ao tipo de interação.

Comley define uma comunidade de pesquisa *on line* como um grupo de pessoas para as quais foi criado um ambiente *on line* no qual vão interagir entre elas, com o inquiridor e com a empresa cliente, acerca de tópicos relacionados com um tema de pesquisa. Tendencialmente são utilizados para *research* de tipo qualitativo, embora possam incluir, como complemento, alguns questionários e sondagens de estilo mais quantitativo.

Tradicionalmente, os motivos apontados para a criação de uma comunidade de pesquisa *on line* são:

- Monitorizar em contínuo assuntos-chave num dado mercado.
- Contactar com consumidores vanguardistas/inovadores.
- Possuir um grupo de consumidores disponíveis para participar num projeto de desenvolvimento.
- Colaborar de forma genuína e bidirecional com os consumidores.
- Monitorizar de forma mais fácil diversas questões em mercados geograficamente dispersos.
- Utilizar um meio de pesquisa eficiente em termos de custos.

Comley alerta, no entanto, para a dificuldade de se construir uma comunidade de pesquisa *on line*, e sugere que a indústria de *research* analise o modo como surgem de forma espontânea as comunidades online ou as redes sociais, e que compreenda as principais diferenças entre essas comunidades "naturais" e as que se criam com o propósito da pesquisa.

Este autor apresenta também algumas dicas para a construção com sucesso de uma comunidade de pesquisa online em cada uma das 4 fases de desenvolvimento, conforme representado na Figura 2:

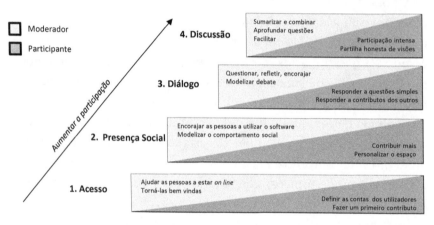

FIGURA 2 – Fases do desenvolvimento bem-sucedido de uma comunidade de pesquisa *on line* segundo Comley (2008)

Uma das fases mais importantes será, sem dúvida, a do "recrutamento" de membros para a comunidade e a garantia de envolvimento e participação dos mesmos, um fator crítico para o sucesso da pesquisa.

Neste ponto convém salientar, tal como refere Bernoff (2008), que tanto nas redes sociais como nas comunidades de pesquisa, nem todos os membros desempenharão os mesmos papéis nem terão o mesmo grau de participação. Bernoff divide os membros entre os que são *creators* (colocando ativamente conteúdos, impulsionando a participação de outros membros e proporcionando *feedback*, contínuo) e os que são *spectators* (consultam conteúdos mas raramente os produzem). Comley propõe uma divisão em 5 perfis de membros, desde os *rabbits* aos *dodos*.

Comley conclui que as comunidades de pesquisa *on line* não substituirão os painéis *on line* já utilizados hoje pelo *market research*, mas muito provavelmente tornar-se-ão o método preferencial das empresas que querem estabelecer painéis de diálogo e interação próprios com os seus clientes. Este autor acredita também que a utilização deste tipo de comunidades para pesquisas *on line* qualitativas e de curta duração aumentará rapidamente.

McMains (2008) cita o exemplo da Mercedes, que estabeleceu uma comunidade *on line* (*https://www.generationbenz.com/app*) para obter *feedback* junto de membros entre os 19 e os 32 anos, a chamada geração Y, acerca de temas como desenvolvimento de produto ou conceitos de comunicação e publicidade, e que planeava já o lançamento de uma segunda comunidade. O sucesso da primeira comunidade levou inclusive a Mercedes a reconsiderar substituir alguns *focus groups* que usava tradicionalmente por este tipo de aproximação ao consumidor.

3.3 Research 2.0: Connected Research

Schillewaert, De Ruyck e Verhaeghe (2009) partilham da opinião de outros autores quanto à importância das novas potencialidades da internet, nomeadamente o fenómeno Web 2.0, para a evolução do *market research*, e propõem um novo conceito de pesquisa, ao qual chamaram *connected research*.

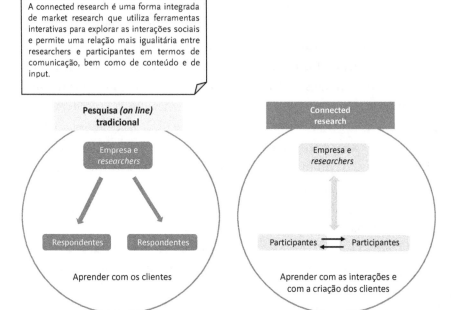

FIGURA 3 – A abordagem tradicional do *market research on line* vs *connected research*

O conceito de *connected research* defende a introdução de um conjunto de novas ferramentas da internet no processo de *research*, como complemento às ferramentas e técnicas tradicionais, defendendo que esse conjunto de ferramentas estará em permanente evolução, tal como a própria internet. Mas o ponto mais importante talvez seja o facto de este novo conceito incorporar, à semelhança do que vimos no conceito de comunidades de pesquisa *on line*, uma visão colaborativa e de aprendizagem por via da interação com os consumidores.

Mais do que um simples conjunto de ferramentas, o conceito de *connected research* apresenta-se como uma filosofia de pesquisa baseada numa participação mais "igualitária" e *bottom-up* entre o *researcher* e os inquiridos, uma metodologia de aprendizagem baseada na dinâmica social criada entre os participantes.

Os autores propõem um conjunto de ferramentas para suportar a pesquisa primária e secundária. Para a primeira recomendam um conjunto de plataformas criadas para um objetivo de pesquisa específico (comunidades de pesquisa, blogues para *research*, fóruns, ambientes virtuais, etc), enquanto para a segunda apresentam uma série de ferramentas *on line* ditas "naturais", ou seja, que mesmo sem terem sido criadas com um propósito de pesquisa possam fornecer informações interessantes ou acesso a futuros participantes em ações de *research*.

No caso da pesquisa secundária, o impacto do *connected research* será essencialmente informacional (por aumentar a riqueza dos dados) e transformacional (por incluir novos participantes no processo), surgindo como complemento às técnicas tradicionais. O impacto será maior, no entanto, na pesquisa primária.

Schillewaert, De Ruyck e Verhaeghe concluem que o *market research* tradicional não desaparecerá, mas que deverá abraçar novas técnicas de forma a captar informação menos trabalhada mas mais rica e mais rápida sobre os consumidores. E realçam que, mesmo tendo já as ferramentas de *connected research* à disposição, a indústria de *market research* terá ainda um longo caminho de aprendizagem pela frente.

3.4 Action Research

Cada vez mais as organizações estão a trabalhar de forma colaborativa com clientes para a obtenção de ganhos mútuos. A pesquisa de mercados tradicional não pode explorar este novo território. Em vez disso, os pesquisadores precisam de adotar metodologias colaborativas de investigação. Entre todos os métodos de pesquisa participativa, a necessidade de aprendizagem e desenvolvimento iterativo faz da pesquisa-ação (*action research*) uma ferramenta particularmente adequada para a tarefa. Maklan, Knox e Ryals (2008) salientam que, tal como vimos anteriormente, que o *market research* tem vindo a ser desenvolvido cada vez mais através do trabalho direto e interação com os consumidores, sacrificando alguns dos princípios de neutralidade associados ao *research* tradicional de forma a obter informação mais rica e relevante.

Como metodologia para desenvolvimento de um *research* mais colaborativo, estes autores propõem como técnica a *action research*. Neste método, a pesquisa é feita **com** todos os participantes, e não **sobre** esses participantes, como se todos fossem *researchers,* e o trabalho é desenvolvido como um processo de aprendizagem conjunto.

As principais diferenças em relação aos métodos de pesquisa mais tradicionais são o facto de a agenda de trabalho ser mais flexível e evolutiva, dos instrumentos de pesquisa serem criados em conjunto, e da pesquisa decorrer através de ciclos de participação ao longo do tempo. Dependendo do tipo de pesquisa, o número de ciclos será variável.

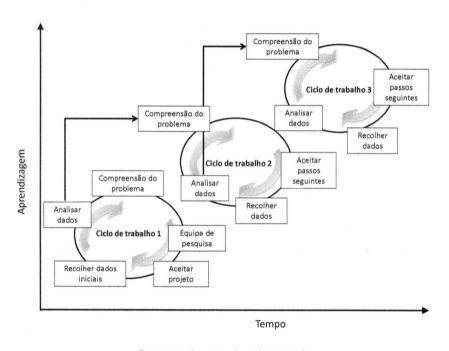

FIGURA 4 – Processo de *action research*

Resumidamente, após um primeiro ciclo de trabalho onde se define a natureza do problema a tratar e se efetua uma primeira análise de informação, segue-se um segundo ciclo de discussão do que foi aprendido com a fase 1, definição das questões a aprofundar e implementação de algumas medidas. Num último ciclo analisam-se novamente os conhecimentos adquiridos com a fase anterior e definem-se planos futuros.

Ao contrário do que tradicionalmente se observa no ciclo de *market research* – a sequência de identificação do problema, definição da pesquisa, pesquisa, análise, recomendações, plano de ações, implementação e avaliação –, na metodologia de *action research* o processo de aprendizagem desenvolve-se de uma forma iterativa através de ciclos de ação-reflexão-definição de novas hipóteses a testar.

Tal como Maklan, Knox e Ryals salientam, este método de *research* traz implicações adicionais para o *researcher*, derivadas dos desafios de um processo de pesquisa normalmente longo, altamente interativo, evolutivo e que requer uma facilitação cuidada, mas questionando em permanência os objetivos da pesquisa. O *researcher* acabará assim por atuar mais como um consultor com uma participação ativa.

Na opinião destes autores, a metodologia de *action research* responde às necessidades de uma pesquisa mais colaborativa junto dos consumidores tendo em vista a cocriação de soluções inovadoras.

3.5 Técnicas Visuais

Uma das tendências mais recentes no *market research* prende-se com a utilização de meios visuais para pesquisa. O motivo? Tal como refere um responsável da empresa TNS Cymfony dedicada a estudos de influência de mercado, trabalhar com palavras é um processo racional mas é hoje consensualmente assumido que a relação que os consumidores estabelecem com as empresas ou marcas é um processo pouco racional. Nesse sentido, a utilização de imagens como elemento de *research* pode ajudar a captar um tipo de informação mais emocional sobre os consumidores. Mais uma vez, este novo tipo de técnicas vem tentar colmatar as dificuldades que os métodos tradicionais de *research* demonstram para lidar com um novo perfil de consumidor.

A empresa Imagini, por exemplo, desenvolveu um *software* chamado VisualDNA, inicialmente desenhado para traçar perfis de personalidade baseados apenas na seleção de imagens. Hoje a empresa desenha esses questionários visuais para diversas empresas como o MSN, a Pepsi ou a Hotels.com. Estas empresas utilizaram esta tecnologia para criar campanhas divertidas e virais para os seus consumidores, obtendo em troca uma maior notoriedade das suas marcas, uma maior penetração de mercado e informação mais rica sobre esses mesmos consumidores. Neste momento, por exemplo, o site *http://mydeco.com/imagini/test/* tem disponível um questionário para traçar o perfil de decoração de cada consumidor.

Também a empresa de estudos de mercado Synovate aplicou técnicas visuais inovadoras para uma pesquisa para a Prevar, uma empresa de produção de fruta que pretendia perceber o que os consumidores valorizariam no futuro relativamente às peras e maçãs. Os aspetos a pesquisar iam desde a coloração da fruta até a benefícios adicionais tais como maçãs para suprimir o apetite ou peras para melhorar a saúde cardiovascular. O projeto envolveu um questionário *on line* a 1200 pessoas em 10 países e utilizou imagens especialmente geradas para ajudar os inquiridos a conceptualizar as possíveis combinações de peras e maçãs e auxiliá-los no preenchimento do mesmo.

3.6 Dispositivos Móveis

Na era da mobilidade e com a crescente importância e potencialidades dos telemóveis de nova geração, as marcas não poderiam deixar de aproveitar este canal de interação com os consumidores para levarem a cabo projetos de *market research*. Um exemplo é o da rede social móvel MocoSpace que envia músicas inacabadas para os membros da rede de forma a obter um *feedback* honesto e imediato sobre essas músicas antes da produção final das mesmas, numa espécie de desenvolvimento de produto conjunto. A principal vantagem dos telemóveis sobre outros dispositivos é o facto de o contacto ser imediato, já que a grande maioria dos consumidores tem os telemóveis permanentemente ligados.

3.7 Acompanhamento de Conteúdos e Tendências *On line*

Como se refere na introdução da brochura Nielsen BuzzMetrics, os consumidores passaram a conversar *on line*. Os *media* gerados pelo consumidor (CGM) – conteúdo criado pelos consumidores em blogs, fóruns de discussão e fóruns *on line* bem como outras plataformas de *social media* – são dos segmentos *on line* que mais rapidamente crescem nos dias de hoje. Medir efetivamente, interpretar e agir sobre CGM é uma importante vantagem competitiva para as marca centradas no consumidor. Como consequência do fenómeno do *social media* e da proliferação de conteúdos gerados pelos consumidores sob a forma de blogues, discussões em fóruns, comentários em redes sociais, no Youtube ou no Twitter, as empresas têm sentido a crescente necessidade de acompanhar esses conteúdos, e as "conversas" que se desenvolvem *on line* acerca das suas marcas.

E grandes empresas da área de *market research* têm respondido com soluções como o serviço BuzzMetrics da Nielsen, que se dedica a monitorizar estes novos conteúdos para uma série de marcas-cliente.

A Nielsen afirma acompanhar quase 100 milhões de blogues, redes sociais, grupos e outras plataformas de *customer-generated media* usando uma metodologia de combinação do conhecimento do meio do *social media* com a utilização de ferramentas de *mining* de dados e texto para explorar a informação recolhida.

Esta empresa oferece também um serviço de mapeamento de associação de marcas (*brand association map*) que posiciona uma dada marca de acordo com determinados critérios *versus* marcas concorrentes, tudo com base na informação recolhida *on line* (ver exemplo na figura seguinte).

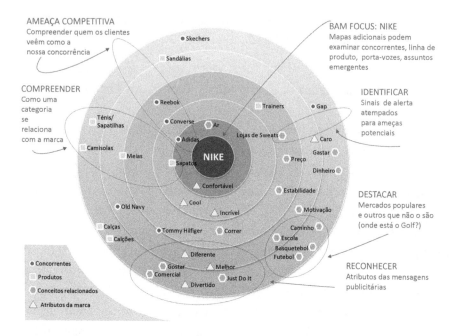

FIGURA 5 – *Brand association map* da Nielsen *On line* para a Nike

A par de toda a agitação em torno do fenómeno 2.0 e do *social media*, começam igualmente a surgir empresas que se dedicam à deteção de tendências, de carácter mais local ou globais, usando também o mundo *on line* como plataforma de trabalho, tanto para a identificação das tendências como para divulgação das mesmas e interação. Exemplos são empresas como a trendwatching.com ou a TrendsSpotting.

4. COMENTÁRIOS FINAIS/CONCLUSÕES

Ninguém duvida de que assistimos presentemente ao surgimento de um novo conceito de consumidor. Uma nova filosofia, auxiliada e impulsionada pelo livre acesso a um conjunto de inovadoras ferramentas da internet, deram corpo a um consumidor mais informado, criador de conteúdos, ligado em rede, e com desejo de fazer ouvir as suas opiniões.

Perante este novo perfil e face aos desafios lançados pelas marcas clientes, a indústria de *research* tem vindo a sentir a necessidade de repensar as suas metodologias e de incorporar novas técnicas e ferramentas.

A introdução, na década de 90, da internet como instrumento de realização de questionários *on line* tinha tido já um grande impacto ao nível da eficiência da pesquisa quantitativa. Mas o impacto das novas metodologias e instrumentos, para além de ser informacional – proporcionando um leque de informação mais rico e com uma componente emocional mais trabalhada –, é também transformacional, por alargar o leque de fontes e de participantes no processo, com forte repercussão na pesquisa qualitativa.

As próprias fronteiras entre a pesquisa quantitativa e qualitativa têm-se esbatido, ao mesmo tempo que as novas metodologias exigem técnicas diferentes de moderação e interação, fazendo surgir um novo conceito de "inquiridor": mais participativo, menos "isento" do próprio processo de *research*, num estilo bastante mais colaborativo com os inquiridos e as empresas-cliente.

A indústria de *market research* encontra-se, assim, num momento de aprendizagem sobre as potencialidades e, também, as lacunas destas novas ferramentas e metodologias. E também num momento de reflexão sobre o futuro do *research* tendo em vista as novas tendências e desafios.

5. REFERÊNCIAS

BERNOFF, J. (2008), Creators to Spectators, *Marketing News,* vol. 42, n.º 6.

BRUNO, A. (2008), Goin' Mobile", *Billboard,* vol. 120, n.º 34.

BULIK, B. S. (2007), Know your VisualDNA? Research gets social-net bug, *Advertising Age,* vol. 78, n.º 21.

COMLEY, P. (2008), Online research communities – A user guide, *International Journal of Market Research,* vol. 50, n.º 5: número especial sobre a Web 2.0.

COOKE, M., BUCKLEY, N. (2008), Web 2.0, social networks and the future of marker research, *International Journal of Market Research,* vol. 50, n.º 2.

MAKLAN, S., KNOX, S., RYALS, L. (2008), News trends in innovation and customer relationship management – A challenge for market researchers, *International Journal of Market Research,* vol. 50, n.º 2.

McMAINS, A. (2008), Mercedes Readies Second Exclusive Online Community, *Brandweek* vol. 49, n.º 41.

MEDCALF, G., DODD, J. (2008), Market Research: A Changing World, *NZ Marketing Magazine,* vol. 27, n.º 10.

POYNTER, R. (2008), Facebook: the future of networking with customers, *International Journal of Market Research,* vol. 50, n.º 1.

SCHILLEWAERT, N., DE RUYCK, T., VERHAEGHE, A. (2009), "Connected Research: How market research can get the most out of semantic web waves", *International Journal of Market Research,* vol. 51, n.º 1.

DATA MINING PARA BUSINESS INTELLIGENCE

COORD.
CARLOS SOARES

Mineração de dados

CARLOS SOARES E **ANDRÉ C.P.L.F. CARVALHO**

RESUMO

Este capítulo faz uma breve introdução ao processo de descoberta de conhecimento de bases de dados. Em vez de se focar nos métodos, como acontece na maioria dos textos introdutórios nesta área, este trabalho foca-se no projeto e na metodologia. O objetivo é transmitir ao leitor alguma da experiência dos autores e que facilite o desenvolvimento dos seus primeiros projetos de mineração de dados (MD). Para isso, são sumarizadas as tarefas que constituem um projeto destes e são discutidas algumas das dificuldades que surgem frequentemente. São também dadas algumas dicas que podem facilitar a resolução de alguns dos problemas mais comuns.

O conteúdo deste capítulo pretende também enquadrar os dois capítulos seguintes, que apresentam duas aplicações de MD em dois domínios muito diversos, uma indústria transformadora e uma empresa de comercialização de produtos farmacêuticos.

INTRODUÇÃO

Com a importância crescente da economia baseada em conhecimento, a Descoberta de Conhecimento de Bases de Dados (DCBD)([1]), principalmente sua etapa de Mineração de Dados (MD)([2]), está se tornando parte integrante de empresas e governos (Soares & Ghani, 2010). Pela importância da MD na DCBD, os dois termos são frequentemente utilizados como sinônimos, que será o caso neste texto. A Mineração de Dados pode ser definida como (Fayyad *et al.*, 1996):

> "... o processo não-trivial de de identificação de padrões válidos, novos, potencialmente úteis e possivelmente compreensíveis em dados".

Muitas aplicações foram incorporadas nos sistemas de informação (SI) e processos de negócios das empresas nos mais diversos setores da economia, (por exemplo, tecnologias de informação [TI], SI, comércio eletrónico, bancos, seguradoras, comércio varejista, empresas de telecomunicações, indústria automotiva, saúde e energia). Embora menos divulgado, a MD também está se tornando muito importante nas áreas de Ciência e Engenharia([3]).

À medida que a mineração de dados se torna uma tecnologia *mainstream* nas empresas, a pesquisa em MD tem experimentado um crescimento explosivo, tanto em termos de interesse quanto de investimento. Além de áreas de aplicação bem estabelecidas, como *marketing* personalizado, abandono de clientes (*churn*) e análise de cesta básica (*market basket analysis*), as empresas estão a explorar o uso dessa tecnologia para atender outras áreas do seu negócio, como planejamento e gerenciamento de processos, gestão de recursos humanos, controle de qualidade, compras e gestão do conhecimento. Estamos ainda testemunhando uma ampla gama de novas áreas de aplicação, tais como as mídias sociais, redes sociais, e redes de

---

([1]) *Knowledge discovery in databases*, em inglês.
([2]) *Data mining*, em inglês.
([3]) Uma visão geral de aplicações científicas e de engenharia é dada em (Grossman *et al.*, 2001).

sensores. Mesmo indústrias e processos de negócios mais tradicionais tais como cuidados de saúde, manufatura, gestão de relacionamento com cliente e marketing também estão aplicando tecnologias de MD de maneiras novas e interessantes.

As novas áreas de aplicação representam novos desafios tanto em termos da natureza dos dados disponíveis (por exemplo, estruturas complexas e dinâmicas de dados), quanto de tecnologia de infra-estrutura (por exemplo, dispositivos de baixos recursos como memória, energia ou monitor de vídeo). Esses desafios podem por vezes ser resolvidos mediante uma adaptação de algoritmos existentes, mas pode ser necessário desenvolver novas classes de técnicas.

Uma das principais razões por trás do sucesso do campo de MD tem sido o benéfico relacionamento entre os pesquisadores e as empresas. Essa relação é forte em muitas empresas onde os pesquisadores e especialistas no domínio colaboram para resolver problemas práticos de negócios. Por um lado, problemas de negócios estão impulsionando novas pesquisas [por exemplo, o prêmio Netflix([4]) e competições, como o KDD CUP([5]). Por outro lado, os avanços da investigação estão encontrando aplicabilidade em problemas reais (por exemplo, Máquinas de Suporte Vetorial – *Support Vector Machines* – em Biologia Computacional([6])]. Muitas das empresas que integram a MD em seus produtos e processos de negócios também empregam alguns dos melhores investigadores e profissionais da área. Algumas das mais bem sucedidas novas empresas de MD também têm sido iniciadas por pesquisadores reconhecidos.

Mesmo os pesquisadores vinculados a universidades estão cada vez mais conectados com as empresas e estão sendo expostos a problemas de negócios e dados reais. Muitas vezes, novos desenvolvimentos importantes em MD têm sido motivados pelas necessidades e limitações de problemas práticos de negócios. Conferências de mineração de dados, tais como KDD, ICDM, SDM, PKDD e PAKDD,

---

([4]) http://www.netflixprize.com
([5]) http://www.sigkdd.org/kddcup
([6]) http://www.support-vector.net/bioinformatics.html

desempenham um papel importante na interação entre os pesquisadores e os profissionais de empresas. As empresas estão participando ativamente dessas conferências, tanto por meio de patrocínios, como pelo estímulo à participação de seus funcionários, incluindo tanto especialistas em MD como usuários à procura de uma solução de MD para os seus problemas.

Esse relacionamento saudável entre a academia e as empresas não significa que não haja problemas relativos à construção de soluções de MD para serem resolvidos. De uma perspectiva puramente técnica, existem algoritmos, ferramentas e conhecimento em abundância para desenvolver modelos de boa qualidade. No entanto, apesar da quantidade de informação disponível (por exemplo, livros, artigos, documentos e páginas da web) sobre a MD, alguns dos aspectos mais práticos não estão suficientemente documentados. Esses aspectos incluem a preparação de dados (por exemplo, limpeza e transformação), adaptação de métodos existentes para resolver um novo problema, combinação de diferentes tipos de métodos (por exemplo, técnicas de agrupamento e de classificação), incorporação do conhecimento do domínio em sistemas de MD, facilidade de utilização de sistemas de MD, facilidade de implantação, testes e a integração da solução de MD com o SI da empresa. Esses aspectos representam não só uma grande proporção do esforço despendido em projetos de MD, mas são eles que muitas vezes determinam o seu sucesso ou fracasso (Kohavi & Provost, 2001).

ASPECTOS RELACIONADOS A APLICAÇÕES DE MINERAÇÃO DE DADOS

Metodologias, como o CRISP-DM (Chapman *et al.*, 2000; Brachman *et al.*, 1996) tipicamente organizam os projetos de MD em seis etapas (Figura 1): entendimento do negócio e dos dados, preparação dos dados, modelagem, avaliação e a integração no sistema de informação que suporta a tomada de decisão. A seguir apresentamos brevemente essas etapas.

ENTENDIMENTO DO NEGÓCIO E DOS DADOS

Na etapa de entendimento do negócio, o objetivo é esclarecer os objetivos do negócio para o projeto. O segundo passo, a compreensão de dados, consiste em identificar fontes, recolher uma amostra e analisá-la. O objetivo é familiarizar-se com os dados disponíveis para o projeto.

Uma questão que é muito importante definir nestas fases é o escopo do projeto. É necessário identificar um problema de negócio que possa ser resolvido com o auxílio de ferramentas de MD. Esse aspeto é importante porque, com frequência, há uma preocupação excessiva de encontrar um problema de MD, eventualmente por ser necessário justificar o investimento da organização em recursos, *software* e equipamento para MD. Muitas vezes, a solução para o problema de negócio diz respeito a combinação de abordagens de DM com outras técnicas como, por exemplo, técnicas de otimização (Soares & Ghani, 2010).

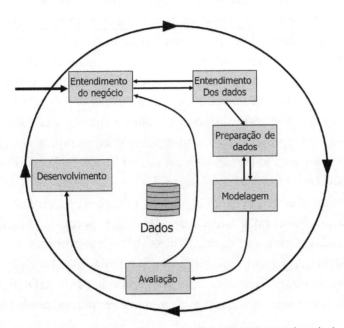

Figura 1. O processo de MD de acordo com a metodologia CRISP-DM (adaptado de Chapman et al., 2000.

Para ver o projeto no contexto, é necessário identificar as partes interessadas e as suas necessidades, em particular no caso dos usuários finais, deve ser bem entendida.

Também é essencial definir claramente os objetivos do projeto. Isso deve ser feito em termos de negócio, bem como dos métodos de MD. Sempre que possível, as metas devem ser quantitativas. Por exemplo, dos clientes contatados por sugestão do modelo, qual o número mínimo de clientes que aderem à campanha para o modelo ser considerado um sucesso. Algumas vezes é necessário que a equipe do projeto esclareça a definição de conceitos que poderiam, à primeira vista, ser considerados triviais. Isso é importante porque os especialistas em MD têm uma formação diferente dos especialistas no negócio. Se não houver um entendimento comum dos conceitos, podem surgir problemas mais tarde durante a execução do projeto.

Outro passo crucial é a compreensão dos dados e das suas fontes. Esse conhecimento é claramente essencial na modelagem e avaliação dos resultados. Ele também é importante na fase de preparação de dados. Por exemplo, facilita a identificação de problemas de qualidade de dados ou oportunidades de criação de novas variáveis. A importância deste passo tem crescido com a complexidade dos dados, como dados provenientes de textos, redes sociais e fluxos contínuos de dados, bem como dados geo-referenciados. Um aspeto relativo à compreensão dos dados, que é muitas vezes ignorado, é a estimativa dos custos que estão associados à sua recolha. Os custos de obtenção de, por exemplo, dados sobre clientes potenciais (*prospects*) podem ser tão elevados que a sua utilização seja economicamente inviável.

Em alguns casos, existem algumas limitações associadas com o processo que afectam o esforço de MD e que, portanto, devem ser identificadas o mais rapidamente possível. Por exemplo, o número de contatos que podem ser feitos a um cliente pode ser limitado para não o incomodar. Assim, mesmo que os modelos de MD sugiram que um cliente seja contatado mais vezes, a regra tem de ser respeitada.

PREPARAÇÃO DOS DADOS

A preparação dos dados consiste em um conjunto diversificado de operações para limpar e transformar os dados de modo a prepará-lo para a etapa seguinte, em que se faz a modelagem (Pyle, 1999).

Alguns dos tipos mais comuns de problemas que os dados podem conter são: freqüências desequilibradas das classes, dados inconsistentes, *outliers* e valores em falta. Alguns desses problemas podem ser tratados com métodos genéricos, que não dependem da aplicação. Por exemplo, os valores em falta em variáveis numéricas podem ser substituidos pelo valor médio dos valores conhecidos dessa variável. Em outros casos, a correção utiliza o conhecimento do domínio. Por exemplo, um valor em falta no atributo "número de filhos" pode representar 0 (zero) no caso de clientes que não são casados. A importância de operações, mesmo que sejam muito simples, tais como a discretização de variáveis numéricas, é bem conhecido, particularmente para a produção de modelos por usuários que não são especialistas.

Algumas operações de preparação de dados não podem ser feitas sem conhecimento do domínio de aplicação. O caso mais óbvio é a engenharia de variáveis, isto é, o processamento e combinação de variáveis existentes para criar novas variáveis com informação mais útil para o problema em questão. Um exemplo muito simples é a criação de uma variável "rendimento *per capita*" familiar calculando a razão entre o rendimento total do agregado familiar e o número de elementos da família. Em uma aplicação em que se pretende estimar o valor de um cliente para uma empresa de turismo, essa nova variável será mais informativa do que o rendimento do agregado familiar. Em domínios com dados muito complexos, como as aplicações com dados georeferenciados ou de redes sociais, isto é particularmente importante. Para gerar variáveis que contêm toda a informação necessária para atingir os objetivos do projeto, normalmente é necessário fazer um grande investimento na engenharia de variáveis. Outra operação que beneficia do uso de conhecimentos de domínio é a seleção de variáveis. Embora existam métodos para fazer esta operação automaticamente, há casos em que só esses métodos não funcionam. Por exemplo, no caso em que os dados contêm variáveis cujo valor não é conhecido no momento da tomada da decisão. Este tipo de problemas só pode ser identificado com base em conhecimento do domínio.

Uma atenção especial deve ser dada à criação da variável alvo ou objetivo. É preciso garantir que representa o conceito de interesse para o negócio. Um exemplo é o trabalho de Domingos & van de Merckt, que criam a variável-objetivo com base numa análise profunda do conceito de rendibilidade de um negócio (Domingos & van de Merckt, 2010). Um problema típico é o desequilíbrio da distribuição dos valores da variável-objetivo. Esse problema ocorre tipicamente em, por exemplo, problemas de modelagem de abandono (*churn*), em que o número de clientes que abandona é muito inferior ao dos que se mantêm.

Outra operação que tem se mostrado relevante é a detecção de ruídos em conjuntos de dados. O ruído pode estar presente tanto nas variáveis de entrada como na variável-alvo. Em geral, a operação de detecção é seguida pela operação de remoção de ruídos. A remoção pode incluir tanto a estimativa do valor verdadeiro quanto a remoção do dado com ruído.

Uma ferramenta essencial na compreensão e preparação de dados é a visualização de dados. Plotando os dados de muitas maneiras diferentes permite que o analista de dados identifique problemas e também para obter informação importante que pode ser usada para a engenharia de variáveis e mesmo para a modelagem. Isto é particularmente verdade quando as aplicações têm dados espaciais ou temporais.

MODELAGEM

Na etapa de modelagem, os dados resultantes da aplicação dos passos anteriores são analisados para extrair o conhecimento que irá ser utilizada para tratar o problema de negócio.

As técnicas de MD podem ser aplicadas a duas categorias de tarefas (Faceli *et al.*, 2011; Tan *et al.*, 2005): tarefas preditivas e tarefas descritivas. Em tarefas preditivas, estas técnicas induzem modelos capazes de prever o valor da variável alvo a ser associado com os valores das variáveis de entrada. Duas tarefas preditivas comuns são a classificação e a regressão. No primeiro caso, um modelo de classificação pode ser induzido a partir de um conjunto de treinamento previamente rotulado (este rótulo faz parte do conjunto de dados) para prever as classes de novas instâncias, dado o valor das suas variáveis de entrada. Nas tarefas descritivas, as técnicas de MD têm sido utilizadas para descrever as principais características de um conjunto de dados, tal como a forma como os dados podem ser organizados em grupos. Esta organização pode ser detetada por técnicas de agrupamento, que são frequentemente aplicadas a tarefas descritivas. No entanto, os resultados obtidos tratando um problema como uma tarefa apenas preditiva ou descritiva não são muitas vezes satisfatórios e melhores soluções podem ser obtidas com uma combinação de métodos para tarefas de diferentes tipos.

CLASSIFICAÇÃO

Vários problemas reais dizem respeito à classificação dos dados em categorias ou classes. Dado um conjunto de dados, os algoritmos de classificação podem ser empregados para a indução de um modelo classificador, o qual deve ser capaz de prever a classe de novos dados do mesmo domínio. Muitos problemas de classificação têm apenas duas classes, sendo conhecidos como problemas de classificação binária. Neste caso, uma das classes é denominada positiva e a outra negativa. Um exemplo de um problema de classificação binária é o problema de avaliação de risco de crédito. Neste exemplo, o classificador induzido utiliza informações do cliente e do seu pedido de crédito para determinar se o mesmo deve ser aprovado. Assim, as classes representam a aprovação ou não aprovação do pedido de crédito. Outros problemas têm mais de duas categorias ou classes.

Estes problemas são chamados de problemas multiclasse. Exemplos de tais problemas são a classificação de dígitos manuscritos e o diagnóstico médico

Os problemas preditivos de classificação e também os de regressão estão presentes em praticamente todas as áreas de conhecimento, como Biotecnologia (análise de expressão gênica, localização de proteína e previsão de interação proteína-proteína), Engenharia Civil (construção de estradas, previsão de duração de viagem de ônibus, planejamento urbano), Meio ambiente (modelagem de distribuição potencial, controle de qualidade da água), Energia (detecção de falhas em linhas de transmissão de energia, planejamento de distribuição), Finanças (previsão de falência, a análise de risco de crédito, detecção de fraudes, análise de séries temporais de finanças) e Medicina (análise de imagens de câncer de mama, o diagnóstico de doenças neurológicas).

AGRUPAMENTO

O objetivo do agrupamento é determinar um conjunto finito de categorias (grupos) capaz de descrever os dados de acordo com as semelhanças entre eles. A aplicabilidade das técnicas de agrupamento é diversa, variando de segmentação de mercado e de processamento de imagem até categorização de documentos e mineração *web*. As técnicas de agrupamento podem ser divididas em três tipos principais: baseadas em sobreposição (não-exclusivas), particionais e hierárquicas. Os dois últimos estão relacionados entre si, pois um agrupamento hierárquico é uma sequência aninhada de agrupamentos particionais, em que cada um destes representa uma partição rígida do conjunto de dados em diferentes subconjuntos mutuamente disjuntos.

Independente do tipo de algoritmo (sobreposto, particional ou hierárquico), o principal objetivo do agrupamento é maximizar a homogeneidade dentro de cada grupo e a heterogeneidade entre os grupos diferentes. O agrupamento de dados é conhecido como um dos problemas mais difíceis e desafiadores em MD, devido principalmente a sua natureza não supervisionada. Isto implica que as características estruturais dos problemas não são explícitas, exceto se houver algum tipo de conhecimento prévio acerca do domínio. Essa característica torna a avaliação dos resultados obtidos particularmente difícil, já que não há, ao contrário do que acontece na classificação, uma referência contra a qual possam ser comparados.

Assim como no caso de classificação de dados, várias áreas de conhecimento podem beneficiar do uso de algoritmos de agrupamento de dados, como Biotecnologia (análise de expressão gênica), Meio ambiente (controle de qualidade de água), Energia (deteção de falhas em linhas de transmissão de nergia), Finanças (análise de risco de crédito e deteção de fraude), Sociologia (redes sociais) e Medicina (análise de imagens de câncer de mama).

OUTRAS TAREFAS DE MODELAGEM

Outras tarefas de modelagem relevantes são a extração de regras de associação, que procuram descobrir regras que associem valores de diferentes variáveis (por exemplo, quem compra leite e pão, em geral também compra queijos) e técnicas de sumarização, que resumem a informação presente em uma base de dados utilizando deste simples operações estatísticas até operações sofisticadas da área de processamento de língua natural.

TÉCNICAS E FERRAMENTAS DE MINERAÇÃO DE DADOS

Em muitas aplicações, o conhecimento específico do domínio é integrado no processo de MD em todos os passos excepto na modelagem. Neste passo é possível usar técnicas genéricas disponíveis em muitas ferramentas de MD, incluindo árvores de decisão, discriminantes lineares e redes neurais, entre outros algoritmos de classificação. Neste caso, uma questão importante é como selecionar a melhor técnica para um dado problema. Esse problema pode ser abordado com meta-aprendizado (Brazdil *et al.*, 2009).

Uma abordagem de modelagem diferente consiste no desenvolvimento/adaptação de métodos gerais para uma aplicação específica, levando em conta as suas peculiaridades. Em alguns casos, a aplicação não é realmente nova, mas tem características específicas que requerem métodos existentes de ser adaptados. Por exemplo, é possível utilizar técnicas de agrupamento para deteção de *outliers* em problemas que são tarefas preditivas como, por exemplo, a deteção de fraude.

Algumas aplicações envolvem tarefas com características novas que requerem mesmo o desenvolvimento de novos métodos ou variações significativas dos métodos existentes (Soares & Ghani, 2010). Muitas vezes, os novos métodos incorporam quantidades importantes de conhecimento do domínio. Por exemplo, alguns métodos para tratamento de dados espaciais ou temporais têm de incorporar mecanismos de pré-processamento em conjunto com a construção do modelo, dada a complexidade desses dados. Outro exemplo diz respeito a algumas áreas em que os requisitos para a interatividade são tão fortes que levam ao desenvolvimento de algoritmos que incorporam as decisões feitas pelos usuários durante a construção dos modelos.

Para desenvolver soluções completas que respondam às necessidades dos negócios, um analista de dados também deve estar preparado para usar métodos originários de diferentes áreas, incluindo Estatística, Visualização de Dados, Aprendizado de Máquina, Reconhecimento de Padrões, Computação Evolutiva, Inteligência Artificial, Linguística e Pesquisa Operacional.

Um aspeto muito importante da modelagem que é frequentemente ignorado na literatura são as ferramentas que estão disponíveis para o analista e que determinam realmente o que pode ser feito. Muitas das ferramentas disponíveis no mercado são *suites* com flexibilidade excessiva. Isso deixa o analista com muitas decisões técnicas para serem feitas durante a fase de modelagem, quando o foco deveria ser sobre as questões de negócios.

AVALIAÇÃO

O objetivo da etapa de avaliação consiste em avaliar a adequação do conhecimento obtido na fase de modelagem de acordo com os objetivos do projeto.

Para um projeto de MD ser bem sucedido, os critérios para avaliar o conhecimento obtido na fase de modelagem devem estar alinhados com os objetivos de negócio. Existem algumas situações em que isso acontece com medidas de MD, como *lift*, precisão e *recall* que podem ser relacionadas com as medidas de avaliação nalguns problemas, como campanhas de marketing e previsão de abandono em empresas de telecomunicações. As ferramentas de visualização também são muito úteis para apresentar os resultados de DM para os especialistas de domínio de uma forma que é fácil de compreender para eles.

No entanto, isso nem sempre é possível porque as medidas mais comuns em MD, como taxa de erro, em classificação, ou erro quadrático médio, em regressão, não estão diretamente alinhadas com as medidas que são usadas para avaliar os objetivos na perspectiva do negócio, como, por exemplo, retorno do investimento. Por vezes, é possível combinar as medidas de avaliação técnicas com as de negócio. Por exemplo, quando é possível estimar o custo de fazer uma previsão incorreta, esse valor pode ser combinado com a taxa de erro para estimar o custo dos erros do modelo.

Além disso, a maior parte do tempo, a avaliação de um sistema de MD da parte de negócio não se baseia em um único critério, mas sim em vários, possivelmente conflitantes e subjetivos. Por exemplo, uma campanha de marketing pode ser avaliada em termos dos custos, retorno do investimento, novos clientes angariados e divulgação da marca (*brand awareness*).

Não existe uma forma sistemática de fazer a tradução dos objetivos de negócio em objetivos técnicos de MD, ou seja, estabelecer uma correspondência entre as medidas de avaliação do negócio e as usadas nas técnicas de MD. Esse é um trabalho específico de cada projeto e depende fortemente da experiência do especialista de MD e da capacidade de comunicação entre este e o usuário final.

Em muitas situações, os usuários não só exigem um modelo que alcance os objetivos do negócio em termos de uma medida adequada (ou medidas), mas eles também precisam entender o conhecimento representado por esse modelo. Neste caso, os dados devem descrever conceitos que são familiares aos usuários e que estejam representado de uma forma que eles entendam. Por exemplo, os usuários podem estar habituados a raciocinar em termos de subconjuntos de valores de variáveis contínuas, pelo que pode ser importante discretizar os valores dessas variáveis na preparação dos modelos ou apenas na comunicação do modelo ao usuário final. Além disso, o algoritmo deve gerar modelos numa linguagem que é também compreensível por eles. Essa linguagem pode variar entre domínios de aplicação. Por exemplo, as árvores de decisão podem ser utilizadas na indústria automotiva, mas os modelos de regressão logística são mais adequados na indústria financeira.

Outras abordagens que podem ajudar na avaliação de resultados de projetos de MD são a simulação, comparação do modelo obtido com uma teoria existente, comparação das decisões dos modelos com as feitas pelos especialistas do domínio e inquéritos de satisfação.

IMPLANTAÇÃO DOS RESULTADOS

A implantação é a etapa em que a solução desenvolvida no projeto, depois de ter sido devidamente testada, é integrada nos processos (de decisão) da organização.

Apesar de ser crítica para o sucesso de um projeto de MD, muitas vezes não lhe é dada a devida importância, ao contrário do que acontece com outras etapas, como entendimento do negócio e preparação de dados. Esta atitude é muito bem ilustrado no guia CRISP-DM (Chapman *et al.*, 2000):

«Em muitos casos, é o cliente e não o analista de dados que realiza a etapa de implantação. No entanto, mesmo se o analista não vai levar a cabo o esforço de implantação é importante para o cliente compreender à partida que ações precisam de ser realizadas, a fim de realmente fazer uso dos modelos criado.»

Esta graciosa transferência de responsabilidades da etapa de implantação pelo analista de dados para o usuário final pode ser a causa para o fracasso de um projeto de MD que, até esta etapa, obteve resultados promissores.

Uma questão muito importante quando a ferramenta é para ser usada por especialistas do domínio que não são analistas de dados é a *interface*. O sistema deve ser fácil de usar e apresentar os resultados de forma clara e usando uma linguagem que é familiar para o usuário.

Outro aspecto importante é causado pelas diferenças entre o contexto de desenvolvimento da solução e aquele em que ela vai operar. Os projetos de MD são muitas vezes desenvolvidos com amostras de dados e sem preocupações com os tempos de aprendizagem nem de previsão. No entanto, ao implantar uma solução de MD, a sua escalabilidade e eficiência devem ser considerados com muito cuidado.

Dado que o objetivo é incorporar o resultado do projeto de MD em processos de negócio da empresa, geralmente é necessário integrá-lo com o sistema de informação (SI) existente. Isso pode ser feito em diferentes níveis. Em um extremo, a utilização do modelo pode ser completamente independente desse SI, com os dados a serem movidos do SI para a solução de MD numa base periódica. No outro extremo, temos soluções que são totalmente integradas no SI, possivelmente implicando uma re-engenharia do sistema. Uma abordagem muito comum posiciona-se em um ponto intermédio em relação a esses casos extremos. A solução de MD é desenvolvida como um sistema separado com sua própria *interface* de usuário e a integração no SI é feita pela partilha do banco de dados.

CONCLUSÃO

Com a MD a tornar-se uma tecnologia *mainstream* nas empresas, a pesquisa nesta área tem experimentado um desenvolvimento sem precedentes. Novos problemas e domínios de aplicação, juntamente com as novas tecnologias, têm dado origem a desafios de pesquisa emocionantes. Essa evolução é suportada por um relacionamento saudável entre a academia e as empresas, que têm vindo a colaborar para fazer avançar a ciência ea prática de MD.

Apesar da maturidade do campo, a documentação de alguns dos aspectos mais práticos de projetos de MD ainda é escassa (por exemplo, preparação de dados, adaptação de métodos gerais para aplicações específicas e implantação de modelos MD). É claro para nós que os projetos de MD não devem ser considerados como esforços independentes, mas devem sim ser integrados em projectos mais amplos que estão alinhados com os objetivos da organização. Na maioria dos casos, o resultado da parte de MD do projeto é uma solução que deve ser integrado no SI da organização e, portanto, nos seus processos de tomada de decisão.

REFERÊNCIAS

BRACHMAN R.J., KHABAZA T., KLOESGEN W., PIATETSKY-SHAPIRO G. & SIMOUDIS E., (1996), Mining Business Databases. *Communications of the ACM.* 39(11): 42-48.

BRAZDIL P., GIRAUD-CARRIER C., SOARES C. & VILALTA R., (2009), *Metalearning: Applications to Data Mining.* Berlin, Heidelberg: Springer; 176. Em < http://dblp.uni-trier.de/db/series/cogtech/index.html#0022052 > acedido a 6 de fevereriro, 2012.

CHAPMAN P., CLINTON J., KERBER R., KHABAZA T., REINARTZ, T., SHEARER C. & WIRTH R., (2000), *CRISP-DM 1.0: Step-by-Step Data Mining Guide.*

DOMINGOS R. & VAN DE MERCKT T., (2010), Best Practices for Predictive Analytics in B2B Financial Services. In Soares C. & Ghani R., eds. *Data Mining for Business Applications.* IOS Press.

FACELI K., LORENA A.C., GAMA J. & CARVALHO A. C. P. L. F., (2011), *Inteligência Artificial – Uma Abordagem de Aprendizado de Máquina*. 1.ª ed. LTC; 394.

FAYYAD UM, PIATETSKY-SHAPIRO G., SMYTH P., UTHURUSAMY R., (1996), *Advances in Knowledge Discovery and Data Mining*. AAAI Press/The MIT Press, 625. Em < http://dl.acm.org/citation.cfm?id=257938 >

GROSSMAN R.L., KAMATH C., KEGELMEYER P., KUMAR V. & NAMBURU R.R., (2001), *Data Mining for Scientific and Engineering Applications*. Norwell, MA, USA: Kluwer Academic Publishers.

KOHAVI R. & PROVOST F., (2001), *Applications of Data Mining to Electronic Commerce. Data Mining and Knowledge Discovery*. 6:5-10.

PYLE D., (1999), *Data Preparation for Data Mining*. Morgan Kaufmann

SOARES C. & GHANI R., (2010), *Data Mining for Business Applications*. IOS Press; Disponível em < http://www.booksonline.iospress.nl/Content/View.aspx?piid=18455 > [acedido em 1 de junho de 2012].

TAN, P.-N., STEINBACH M. & VIPIN KUMAR. (2005), *Introduction to Data Mining*, 1.ª ed. Addison-Wesley Longman Publishing Co., Inc., Boston, MA, USA.

Projeto *Crystal Ball*: o *data mining* ao serviço da estratégia do negócio

ANA SILVA, GISELA ALMEIDA, JOÃO PAULO BAPTISTA,
JOÃO PEDRO LEITE E CARLOS SOARES

RESUMO

O histórico de transações que uma empresa vai desenvolvendo com os seus clientes constitui, se devidamente analisado e explorado, uma importante fonte de informação que permite auxiliar a tomada de decisão tanto ao nível operacional (de curto prazo) como ao nível estratégico (médio e longo prazo).

No entanto, nem sempre as empresas retiram todo o potencial dessa informação, acumulando dados que acabam por nunca ser utilizados em benefício do negócio. Dá-se igualmente o caso de empresas que tentam explorar essa informação utilizando ferramentas de análise de dados, embora muitas vezes não estejam a par das tecnologias mais recentes, como o *data warehousing* ou o *data mining*, ou façam a análise de forma incorreta podendo daí derivar conclusões erróneas [Davenport e Harris, 2007, Delmater e Hancock, 2001, Han e Kamber, 2000].

Neste estudo de caso de uma empresa industrial detalharemos como se pode desenvolver uma análise de dados de negócio, recorrendo a uma abordagem de *data mining*, e daí derivar conclusões e definir planos de ação. Por motivos de confidencialidade a identidade da empresa e o tipo de produtos em causa não são referidos neste documento.

Para levar a cabo este trabalho recorremos à utilização do *software* Rapid Miner. A utilização deste programa em conjunto com a aplicação de uma metodologia adequada de *data mining* permitiu-nos detetar uma série de tendências relacionadas com os clientes da empresa, que exporemos.

Neste artigo apresentamos os passos e os resultados relativos ao estudo realizado.

1. INTRODUÇÃO

As empresas possuem uma riqueza de informação escondida nos dados transacionais que acumulam ao longo dos anos, muitas delas sem se aperceberem das vantagens que essa informação, devidamente tratada e explorada, pode gerar. Mesmo quando se apercebem do potencial dos seus dados, são raros os casos em que eles são adequadamente explorados. Duas das principais razões para isso acontecer são:

- Falta de recursos humanos com formação adequada. Mesmo quando existem conhecimentos de utilização de ferramentas de análise de dados, estatística e *data mining*, é frequente existirem lacunas em termos dos fundamentos estatísticos e metodológicos que fazem com os resultados obtidos estejam errados.
- Falta de qualidade dos dados (Batini *et al.*, 2009, Van Hulse, 2007). As bases de dados bem como os processos de recolha de dados são desenhados tendo em conta as necessidades operacionais das empresas e não a sua utilização para o apoio à tomada de decisão.

Apesar disso, as abordagens baseadas em análise de dados são cada vez mais populares no apoio à tomada à decisão, em áreas tão diversificadas como Marketing, Finanças, Telecomunicações, Saúde e Governo (ver, por exemplo, Melli *et al.*, 2006).

Neste artigo analisaremos o caso de uma empresa industrial localizada na Alemanha, onde possui várias unidades produtivas que fabricam diferentes produtos para um leque considerável de clientes alemães e internacionais. Alguns desses clientes encomendam por norma produtos para serem entregues nas suas empresas subsidiárias localizadas noutros países europeus.

Alguns dos produtos fabricados por esta empresa são utilizados como matéria-prima, para segunda transformação, por parte dos clientes, enquanto outra parte da gama de produtos é vendida para utilização direta sem qualquer atividade extra de transformação. Os produtos são comercializados diretamente aos clientes industriais, nomeadamente aos de maior dimensão, ou através de retalhistas especializados.

Alguns produtos apresentam um baixo valor acrescentado, sendo o seu comportamento de mercado muito semelhante ao de *commodities*, tornando a fidelização de clientes mais difícil num segmento que se apresenta altamente sensível ao preço. Nos produtos de maior valor acrescentado, por seu lado, a gestão do relacionamento com o cliente assume outra relevância.

Neste trabalho, abordámos três problemas do departamento de vendas dessa empresa:

- Segmentação dos clientes, com o objetivo de conhecer melhor o mercado.
- *Targeting* de clientes, isto é, identificar os clientes que irão fazer compras no próximo semestre.
- Previsão das vendas dos clientes no ano seguinte.

Estes problemas foram tratados com uma metodologia de *data mining*, e recorrendo ao programa Rapid Miner (Rapid Miner, 2010), para tratar um conjunto de dados históricos de vendas da empresa.

2. O PROCESSO DE *DATA MINING*

Para abordar um problema de apoio à decisão com *data mining* é essencial utilizar uma metodologia adequada. As duas metodologias mais comuns são o CRISP-DM, uma metodologia genérica e independente da ferramenta (Chapman *et al.*, 2000) e a SEMMA (*sample, explore, modify, model, assess*) que está associada à ferramenta SAS Enterprise Miner (SAS Institute Inc., 2010).

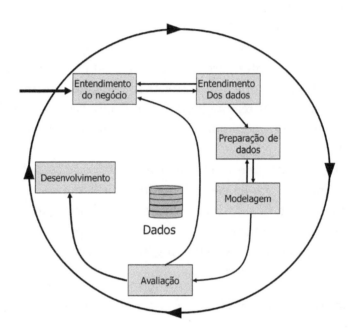

Figura 1. O processo de *data mining* de acordo com a metodologia CRISP-DM (reproduzido de Chapman *et al.*, 2000)

Neste projeto optámos pelo CRISP-DM, por ser a metodologia suportada pela ferramenta escolhida, o Rapid Miner. A Figura 1 representa o processo de *data mining* de acordo com o CRISP-DM. Esta metodologia é também muito flexível o que simplifica a sua adaptação para um estudo preliminar como o que descrito aqui. O CRISP-DM está dividido em 6 fases:

- Compreensão do negócio (*Business understanding*). O objetivo desta fase é analisar estado atual do processo que se pretende modelar. Durante esta fase são definidos os objetivos, tanto em termos de negócio como em termos de *data mining*, e são identificadas as potenciais fontes de dados.
- Compreensão dos dados (*Data understanding*). Nesta fase são recolhidas as primeiras amostras de dados, que são analisadas de uma forma exploratória. Um dos principais objetivos desta fase é identificar problemas de qualidade nos dados disponíveis, que são determinantes para a qualidade dos resultados finais.
- Preparação dos dados (*Data preparation*). As duas atividades principais de preparação de dados são a sua limpeza e a sua transformação (por exemplo, criação de novas variáveis ou identificação das variáveis mais importantes).
- Modelação (*Modeling*). Nesta fase são escolhidos vários algoritmos adequados à tarefa criada, que são depois aplicados aos dados. Os modelos obtidos são avaliados em relação aos objetivos de *data mining*.
- Avaliação (*Evaluation*). Depois de se obter modelos satisfatórios em termos dos objetivos de *data mining*, a avaliação foca nos objetivos de negócio. É possível que os objetivos do projeto sejam reavaliados nesta fase, sendo mesmo possível equacionar-se a sua viabilidade.
- Utilização (*Deployment*). Nesta fase é preparada a operacionalização do modelo obtido bem como o seu acompanhamento em produção. Dado que muitas vezes o fenómeno que é modelado muda ao longo do tempo, fazendo com que os modelos desenvolvidos inicialmente deixem de ser eficazes, é essencial planear a sua manutenção antes da operacionalização.

A separação entre estas fases não é estrita. É frequente trabalhar-se em várias simultaneamente. Para além disso, como a figura mostra, o processo é iterativo. O trabalho descrito aqui representa a primeira iteração neste projeto de *data mining*. A sequência das tarefas não é a prescrita na metodologia, o que ilustra bem a sua flexibilidade.

Durante a fase de *business understanding*, foram identificados os três problemas descritos anteriormente. Face aos assuntos a analisar, identificaram-se os dados relevantes para tratar esses problemas, que foram obtidos através de pesquisas sobre a base de dados de clientes e a base de dados de vendas, tendo em consideração o catálogo de produtos da empresa.

2.1. Fase 1: Preparação dos Dados

O nosso estudo iniciou-se pela extração de uma série histórica de vendas mensais da empresa, respeitantes ao período entre janeiro de 2005 e dezembro de 2008, tendo em consideração as seguintes entidades:

» Cliente, com os atributos: nome abreviado, nome completo, código de cliente e morada
» Produto, com os atributos: código de produto e detalhe
» Fornecedor, com os atributos: fábrica fornecedora e volume de produto fornecido
» País origem da encomenda: localização da empresa que coloca a encomenda
» Local de entrega, com os atributos: cidade e país

TABELA 1. Amostra de dados depois de consolidada a informação necessária ao estudo

Ano	Mês	Fábrica fornecedora	Produto	Código cliente	País de entrega	Vendas (volume)
2007	12	XTO	AC	0000000370	Alemanha	0,84
2007	12	LPD	BD	0000000390	Alemanha	0,85
2008	01	TCS	AA	0000001348	Itália	1,07
2008	01	XTO	BD	0000007132	Alemanha	1,13
2008	01	XTO	BD	0000007133	Alemanha	1,16
2008	01	TCS	AB	0000007141	Espanha	1,36
2008	01	XTO	AC	0000000370	Alemanha	0,81

Imediatamente percebemos que tínhamos demasiadas variáveis e que algumas delas não acrescentariam grande valor ao estudo que pretendíamos levar a cabo. Percebemos, igualmente, que dispúnhamos de um enorme volume de dados quando considerando todos os produtos. Dado que esta é a primeira iteração do projeto, e dada a relativa independência na sua comercialização, optamos por restringir a análise a um só produto.

A escolha do produto eleito foi feita considerando as seguintes etapas: considerando apenas os dados relativos a 2008, criámos uma tabela dinâmica (*pivot table*) em Excel para percebermos qual o produto mais encomendado (em volume), e posteriormente fizemos um *cross-check* para perceber se esse produto apresentava um número significativo de clientes. Como a resposta foi positiva, escolhemos então esse produto que aqui designaremos como produto 1.

Soma das Vendas 2008	Produto				
Código do cliente	AC	BD	AA	AB	Total Geral
0000000370	276				276
0000000390			37		37
0000001348	1.063				1.063
0000007132	141				141
0000007133	316	329	166		811
0000007141	727				727
0000007290	13.464	11.951	14.807	16.637	56.858
0000007332	454	3.569	4.981	3.189	12.193
0000007597		139	297	387	823
0000007598			32	145	177
0000007745	1	1			2
0000007881	1		5.285	2.193	7.479
0000007915	15				15
0000007963				3	3
0000008036				380	380
0000008041	8.279	7.371	2.876	763	19.288
0000008057			85		85
0000008216	46				46
0000008244		211	16	124	351
0000008277			35		35
0000008296		3		2	6
0000008412		481	366	112	959
0000008417		8	6		14
0000008424				568	568
0000008425	236	342	74		653

Figura 2. Exemplo de uma tabela dinâmica (*pivot table*)

Ainda recorrendo a tabelas dinâmicas (*pivot tables*) em Excel, foram criadas novas variáveis para os 1628 clientes identificados representando os seguintes parâmetros:

» Número de anos enquanto cliente (considerando o período de dados disponíveis de 2005 a 2008)
» Número médio de encomendas
» Volume médio encomendado por ano
» Volume médio por encomenda
» Volume encomendado nos últimos 6 meses

Estes parâmetros foram escolhidos por ser esperado conterem a informação necessária para resolver os problemas identificados. Finalmente foram também eliminadas algumas variáveis não interessantes para a análise (detalhes do cliente e detalhes do produto).

2.2. Fase 2: Análise Exploratória

A análise exploratória dos dados serve não só para conhecer os dados disponíveis mas também para verificar se são adequados para a tarefa em questão, nomeadamente em termos da sua qualidade. Alguns dos problemas que ocorrem frequentemente são valores não preenchidos, valores mal preenchidos por erro pontual (por exemplo, valor de uma encomenda mal preenchido) ou sistemático (por exemplo, unidade dos valores de um conjunto de encomendas preenchido em milhares de euros quando era esperado ser em euros).

Conforme explicado anteriormente, é essencial para o sucesso de um projeto de *data mining* que os dados sejam de qualidade. Considerando apenas o produto selecionado, foram identificados vários registos com valores de vendas negativos ou iguais a zero. Estas anomalias são fruto de devoluções ou acertos de contas com o cliente. Assim, procedemos posteriormente à limpeza dos dados de forma a eliminarmos esses valores.

A análise exploratória dos dados permite também conhecer melhor o objeto de estudo, que neste caso são os clientes. Assim, com base nalgumas estatísticas simples, calculadas com tabelas dinâmicas em Excel, procedemos a uma primeira caracterização dos perfis de clientes.

A partir desta análise inicial aos dados conseguimos detetar já algumas tendências, descobrindo alguns clientes a encomendar grandes volumes, e muitos pequenos clientes com volumes reduzidos. Assim, conseguimos determinar, entre outras observações, que:

» 20% dos clientes representavam 81,2% do volume médio anual
» Os 25 principais clientes representavam 31% do volume médio anual
» A média dos volumes vendidos tinha aumentado 16% em 2007, mas diminuído 9% em 2008
» Quase 39% dos volumes eram exportados

Estas conclusões abriam já algumas pistas para a análise a levar a cabo nas etapas subsequentes.

2.3. Fase 3: Segmentação (*Clustering*)

O processo de segmentação consiste em dividir os clientes em grupos, com base num conjunto de variáveis cujos valores determinam os critérios utilizados para a constituição de cada um dos grupos. O objetivo deste processo consiste em criar grupos que garantam a heterogeneidade entre clientes de grupos diferentes (intergrupo), e a homogeneidade dos clientes de cada grupo (intragrupo). Este processo é útil para compreender o universo de clientes, e a sua distribuição. A análise é fundamental para a implementação ou melhoria do processo de gestão de relacionamento com clientes.

Cada um dos grupos identificados representa um padrão de relacionamento entre os clientes e a empresa conforme apresentaremos mais à frente.

Os perfis de clientes obtidos na secção anterior, para além de muito simples, são essencialmente determinados com base no conhecimento que os peritos têm do seu negócio. No entanto, existem frequentemente perfis de clientes que são desconhecidos pelos peritos mas que podem ser identificados através de uma análise dos dados. Esta análise é conhecida por *clustering* (ou agrupamento) e existem muitos métodos estatísticos e de *data mining* para esse fim (Jain *et al.*, 1999).

O programa Rapid Miner disponibiliza vários métodos de *clustering*, tendo a decisão recaído sobre o método *k-means* (k médias). Este é um método de *clustering* muito comum que tem várias características importantes que afetam a sua utilização. Em primeiro lugar, só é adequado para variáveis numéricas. No nosso caso, todas as variáveis são numéricas, pelo que o método pode ser aplicado diretamente. Em segundo lugar, o método é estocástico, o que significa que duas execuções diferentes podem dar resultados diferentes. Para garantir que a segmentação obtida é fiável, repete-se o processo de *clustering* várias vezes e só se usa os perfis obtidos se forem estáveis. Finalmente, o método é sensível à escala das variáveis e, em particular, a *outliers*, que são observações que se desviam muito do normal (Chandola *et al.*, 2009, Barnett e Lewis, 1994). Para resolver estes problemas, duas abordagens possíveis são usar normalização para garantir que as escalas são comparáveis e eliminar registos que sejam considerados *outliers*.

Pelas razões indicadas acima, o processo de *clustering* foi realizado em várias iterações. Em cada uma das iterações sentimos a necessidade de atualizar a base de dados utilizada, tanto para resolver problemas como os indicados acima, e que prejudicavam a análise, como para criar novas variáveis tendo por base a informação de clientes. Muitas dessas variáveis representam a agregação de variáveis que permitem caracterizar os clientes de forma geral, contribuindo assim para uma melhor segmentação. Desta forma, os critérios utilizados na definição dos segmentos foram os seguintes:

» Volume médio por encomenda
» Volume total por encomenda

» Número de meses enquanto cliente
» Último mês em que realizou uma compra

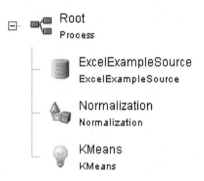

FIGURA 3. Definição do processo realizado usando Rapid Miner

Com base nos critérios indicados, e nas várias iterações realizadas, chegámos à seguinte segmentação que consideramos como equilibrada:

VARIÁVEL	CLUSTER				
	0	1	2	3	4
NÚMERO DE CLIENTES	557	11	332	651	70
MÉDIA DA ÚLTIMA ENCOMENDA (MESES)	32	5	8	5	13
MÉDIA DA ANTIGUIDADE (MESES)	38	43	14	40	38
MÉDIA DO VOLUME POR ENCOMENDA	28	674	29	30	475
MÉDIA DO VOLUME TOTAL ENCOMENDADO	164	51.083	203	935	11.777
SOMA DO VOLUME TOTAL ENCOMENDADO	91.177	561.910	67.440	608.699	824.380

FIGURA 4. Segmentos obtidos com o Rapid Miner

O gráfico seguinte representa os centróides de cada segmento, ou seja, os valores médios das características dos clientes de cada *cluster*, para cada variável. Este gráfico permite traçar o perfil de relacionamento de cada um dos segmentos identificados com a empresa e, principalmente, determinar as diferenças entre os vários perfis. Por exemplo, o cliente representado pelo segmento 1 tem encomendas de valor mais elevado do que os outros clientes.

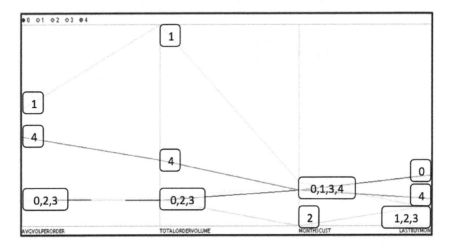

Figura 5. Representação gráfica dos centróides obtidos com o método *k-means*

A caracterização dos vários perfis identificados pelo método de *clustering* numa linguagem de negócio é essencial para que os resultados sejam úteis. Assim, desta análise conseguimos inferir a seguinte caracterização de cada um dos segmentos:

Tabela 2. Descrição dos perfis representados por cada um dos segmentos identificados

Cluster	Descrição
0	Clientes que não encomendam há muito tempo
1	Clientes mais antigos, com grande volume por encomenda e grande volume médio encomendado
2	Clientes mais recentes, com reduzido volume por encomenda e reduzido volume médio encomendado
3	Clientes mais antigos, com reduzido volume por encomenda e reduzido volume médio encomendado
4	Clientes com alguma antiguidade, mas que já não encomendam há algum tempo

Obviamente, existe sempre alguma variabilidade dentro de cada um dos segmentos. Essa variabilidade pode ser representada por uma medida de dispersão (por exemplo, desvio-padrão) ou graficamente. Os seguintes gráficos apresentam a dispersão de cada um dos segmentos pelas variáveis indicadas, a título de exemplo. Da análise desta dispersão podemos considerar os segmentos identificados como apropriados, ou podíamos, se assim o entendêssemos, reiniciar o processo considerando outros critérios com o objetivo de reduzir a dispersão e garantir o maior grau de homogeneidade intragrupo. Tal poderia ser levado a cabo para todas variáveis utilizadas como critério ou apenas para alguma de maior relevância.

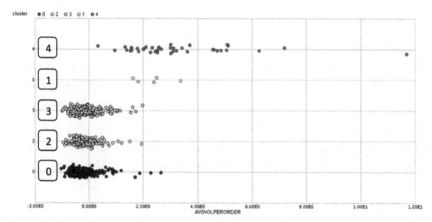

FIGURA 6. Dispersão dos clientes de cada segmento para a variável valor médio por encomenda

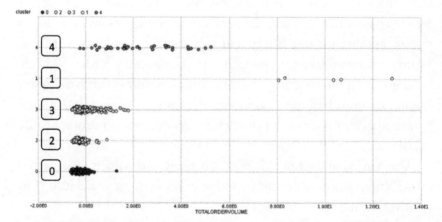

FIGURA 7. Dispersão dos clientes de cada segmento para a variável volume total de encomendas

É importante observar que o esforço necessário para determinar manualmente os perfis que foram automaticamente identificados pelo método de *clustering* seria muito maior do que o foi necessário recorrendo a estas ferramentas.

2.4. Fase 4: Classificação

Para o segundo problema identificado no nosso trabalho, propusemo-nos identificar grupos de clientes junto dos quais teria interesse realizar ações de promoção do produto considerado, com o objetivo de aumentar as vendas, controlando no entanto esforços de marketing e reduzindo custos.

Os problemas em que o objetivo é prever o grupo a que pertence uma observação são conhecidos em *data mining* como problemas de classificação (Han & Kamber, 2000). A classificação é uma tarefa importante e frequentemente tratada em *data mining*. É o processo de encontrar modelos que descrevem e distinguem classes de dados. O modelo resultante pode ser representado de diversas formas como sejam regras de classificação (conjuntos de regras IF-THEN), árvores de decisão, redes neuronais, etc.

A variável-objetivo, isto é, aquela cujo valor se pretende prever, são as vendas nos 6 meses que se seguem ao momento de decisão. Para obter automaticamente o nosso modelo de classificação recorremos ao histórico de dados de vendas do produto. Com base nesses dados, assumimos que o momento de decisão é junho de 2008 e, assim, a variável-objetivo foi definida como sendo a realização de vendas nos últimos 6 meses de 2008. Todas as outras variáveis foram calculadas com base nos valores conhecidos em junho de 2008 de forma a usarmos apenas informação disponível no momento de decisão.

Dos vários algoritmos disponíveis no Rapid Miner, escolhemos o ID3Numerical que permite a indução de árvores de decisão com variáveis numéricas e nominais.

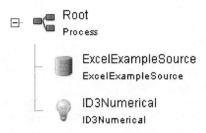

FIGURA 8. Definição do processo realizado usando Rapid Miner

Foi obtida a árvore de decisão ilustrada na figura seguinte. Uma árvore de decisão é um modelo onde cada nó representa um teste ao valor de um atributo, cada ramo representa um dos resultados possíveis desse teste e as folhas da árvore representam a classificação atribuída pelo modelo. A classificação de novas observações começa na raiz (topo) e acaba quando se chega a uma folha.

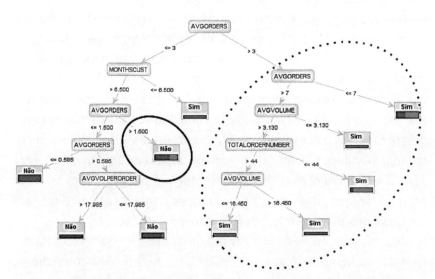

FIGURA 9. Árvore de decisão para o problema de prever se um cliente vai fazer compras no próximo semestre (representação gráfica)

```
AVGORDERS <= 3
|   MONTHSCUST <= 6.500: Sim {Não=0, Sim=76}
|   MONTHSCUST > 6.500
|   |   AVGORDERS <= 1.500
|   |   |   AVGORDERS <= 0.585: Não {Não=325, Sim=0}
|   |   |   AVGORDERS > 0.585
|   |   |   |   AVGVOLPERORDER <= 17.985: Não {Não=182, Sim=20}
|   |   |   |   AVGVOLPERORDER > 17.985: Não {Não=109, Sim=1}
|   |   AVGORDERS > 1.500: Não {Não=157, Sim=82}
AVGORDERS > 3
|   AVGORDERS <= 7: Sim {Não=131, Sim=184}
|   AVGORDERS > 7
|   |   AVGVOLUME <= 3.130: Sim {Não=0, Sim=56}
|   |   AVGVOLUME > 3.130
|   |   |   TOTALORDERNUMBER <= 44: Sim {Não=29, Sim=152}
|   |   |   TOTALORDERNUMBER > 44
|   |   |   |   AVGVOLUME <= 16.450: Sim {Não=0, Sim=70}
|   |   |   |   AVGVOLUME > 16.450: Sim {Não=4, Sim=50}
```

FIGURA 10. Árvore de decisão para o problema de prever se um cliente vai fazer compras no próximo semestre (representação textual)

O modelo obtido desta forma pode ser usado de duas formas. O objetivo principal é permitir a previsão do comportamento dos clientes no futuro, conforme descrito acima. Assim, dado um novo cliente, será possível prever se nos 6 meses subsequentes esse cliente irá efetuar encomendas. Por outro lado, a análise de um modelo como uma árvore de decisão permite também perceber melhor o fenómeno que ele representa. Assim, concluímos que os clientes promissores são aqueles que em média realizam mais do que três encomendas por ano. Clientes com número médio de encomendas entre 1,5 e 3 e que são clientes há mais do que 6,5 meses podem também ser interessantes, dado que a percentagem daqueles que não fizeram compras nos últimos 6 meses é de "apenas" 60%.

No entanto, antes de utilizar um modelo é necessário ter alguma garantia da qualidade das suas previsões. Assim, será conveniente testar o modelo aplicando-o a um contexto passado e, por conseguinte conhecido, em que se podem comparar os resultados obtidos através do modelo com o que de facto aconteceu na realidade.

2.5. Fase 5: Previsão (Regressão)

Nesta fase propusemo-nos estimar as vendas por cliente em 2008 tendo por base a evolução das vendas observadas em 2006 a 2007.

Os problemas de previsão em que a variável-objetivo é numérica são de regressão (Han & Kamber, 2000). Esta tarefa também é muito comum em aplicações de apoio à tomada de decisão. A diferença essencial para a classificação é que a variável-objetivo é numérica e não nominal. Existem também muitos métodos estatísticos e de *data mining* para a regressão.

Optámos por considerar apenas os clientes mais fiéis – aqueles que fizeram encomendas nesses dois anos – para não introduzir "ruído" na estimação. Esta redução da amostra faz sentido do ponto de vista do negócio. Quando um cliente não faz encomendas durante um ano, não interessa à empresa prever quanto é que irá encomendar no ano seguinte. Antes, o cliente deve ser contactado de forma a perceber as razões porque não foi feita nenhuma encomenda.

Para o cálculo da regressão recorremos ao *add-in* Analysis Tool-Pak para o Excel. Esta ferramenta não permite trabalhar com grandes volumes de dados. No entanto, dada a sua flexibilidade, é adequada pequenos volumes de dados, o que é um cenário comum nas primeiras iterações de projetos de *data mining*.

Os resultados obtidos foram interessantes, com os testes estatísticos da regressão a demonstrarem uma boa qualidade do ajustamento do modelo de regressão linear obtido, com o valor absoluto do coeficiente R quadrado (R Square) e do coeficiente R quadrado ajustado (Adjusted R Square) bastante próximos de 1, conforme demonstrado na figura seguinte:

SUMMARY OUTPUT

Regression Statistics	
Multiple R	0,97
R Square	0,94
Adjusted R Square	0,94
Standard Error	1754
Observations	571

Figura 11. Resultado da regressão linear

Validámos posteriormente o modelo através da comparação dos valores de vendas estimados por cliente para o ano de 2008 com o valor real de vendas nesse mesmo ano, e mais uma vez confirmámos a adequação do modelo à realidade que ele deveria prever. Considerando os resultados dos cinco maiores clientes em 2008, apenas um cliente específico apresentou um desempenho real divergente da tendência estimada pelo modelo. No caso específico desse cliente, as vendas estimadas pelo modelo de regressão para o ano de 2008 apontavam para um valor de 54.455 unidades mas o volume real de vendas ficou-se pelas 27.495 unidades divergindo claramente do padrão de aquisições que este cliente tinha demonstrado até então.

Comparámos igualmente o modelo obtido com dois outros métodos bastante mais simples de previsão – previsão trivial (isto é, o valor médio da variável-objetivo no conjunto de treino) e o valor das vendas para o mesmo cliente no ano anterior – e percebemos que o modelo de regressão que estimamos revela uma maior aproximação à realidade (boa qualidade do ajustamento) do que as duas hipóteses alternativas consideradas.

COMPARAÇÃO REGRESSÃO VS PREVISÃO TRIVIAL	
Erro absoluto médio da previsão	469
Erro absoluto médio da previsão trivial	1275
Erro abs previsão/Erro abs previsão trivial	0,37
(Erro abs previsão/Erro abs previsão trivial)^2	0,14

COMPARAÇÃO REGRESSÃO VS PREVISÃO IGUAL A REAL 2007	
Erro absoluto médio da previsão	469
Erro absoluto médio da previsão = a real 2007	507
Erro abs previsão/Erro abs previsão real = a 2007	0,93
(Erro abs previsão/Erro abs previsão real = a 2007)^2	0,86

FIGURA 12. Comparação da regressão linear com dois outros métodos de previsão

Consideramos, por isso, que o modelo determinado satisfaz as condições necessárias para ser usado como base para cálculo de previsões de volumes de vendas da empresa para o produto analisado.

3. CONCLUSÕES

Data mining, um sinónimo para "descobrir conhecimento em bases de dados", é o processo de análise de dados sob diferentes perspetivas, apresentando como resultado informação útil, reveladora de padrões e tendências que, de outra forma, ficaria escondida nos meandros dos dados.

Neste estudo de caso de uma empresa industrial recorremos ao seu histórico de transações de um determinado produto para, através de técnicas de *data mining*, descobrir padrões de comportamento entre os clientes e pistas para a futura atuação comercial da empresa.

Após uma primeira fase de limpeza e preparação dos dados, e de análise exploratória, seguiu-se um processo de segmentação dos clientes (*clustering*) que nos permitiu determinar 5 grupos de cliente distintos (mas relativamente homogéneos intragrupo). Conseguimos perceber que cada grupo corresponde a um perfil comercial diferente, uma caracterização que pode auxiliar a empresa a compreender alguns comportamentos de compra.

Numa etapa seguinte recorremos a técnicas de classificação para identificar grupos de clientes junto dos quais teria interesse realizar ações de promoção do produto considerado, com o objetivo de aumentar as vendas, mas sempre procurando controlar os esforços de marketing e reduzir os custos. Seguiu-se a determinação de um modelo de previsão de vendas por cliente para o ano seguinte através da indução de um modelo de regressão que foi validado e considerado adequado.

Através das diferentes etapas apresentadas conseguimos, assim, extrair dos dados uma série de informações sobre os clientes da empresa e o seu padrão de compra, bastante úteis para a avaliação ou ajuste da sua estratégia comercial.

Da experiência deste estudo de caso retiramos igualmente algumas conclusões sobre *data mining*. Trata-se de um processo em que os passos iniciais de *business understanding* e preparação dos dados são fundamentais para o sucesso, dado que a qualidade dos dados influencia diretamente os resultados obtidos e as conclusões que deles se podem retirar. Percebemos também que, no que diz respeito a recursos humanos, um projeto desta natureza deve envolver uma equipa multidisciplinar, com competências em áreas como tecnologias de informação (administradores de bases de dados e analistas), marketing e comercial. A equipa deverá ter o *know-how* adequado e a sensibilidade necessária para interpretar os dados e ratificar os resultados do processo. É igualmente fundamental ter um espírito crítico em relação à informação e aos resultados obtidos, pois o processo de *data mining* pode ter de ser, e é quase sempre, desenvolvido usando várias iterações. A utilização de dados de teste que permitam efetuar avaliações independentes dos modelos, é uma abordagem recomendada.

Para cada objetivo de análise deve-se escolher a técnica de *data mining* mais apropriada (classificação, *clustering*, regressão, entre outras), sendo fundamental conhecer os conceitos que estão por trás de cada uma dessas técnicas, de forma a obter resultados que reflitam corretamente as tendências e os padrões encontrados.

REFERÊNCIAS

BARNETT, V. and LEWIS, T. (1994). *Outliers in Statistical Data*. John Wiley.

BATINI, C., CAPPIELLO, C., FRANCALANCI, C., e MAURINO, A. (2009). Methodologies for data quality assessment and improvement. *ACM Comput. Surv.* 41, 3 (Jul. 2009), 1-52. DOI= < http://doi.acm.org/10.1145/1541880.1541883 >.

CHANDOLA, V., BANERJEE, A., e KUMAR, V. (2009). Anomaly detection: A survey. *ACM Comput. Surv.* 41, 3 (Jul. 2009), 1-58. DOI= < http://doi.acm.org/10.1145/1541880.1541882 >.

CHAPMAN, P., CLINTON, J., KERBER, R., KHABAZA, T., REINARTZ, T., SHEARER, C. e Wirth, R. (2000). *CRISP-DM 1.0: Step-by-Step Data Mining Guide* (manual). < http://www.crisp-dm.org/download.htm > [acedido 10-05-2010].

DAVENPORT, T. H. e HARRIS, J. G. (2007) *Competing on analytics: the new science of winning*. Harvard Business School Press.

DELMATER, R. e HANCOCK, M. (2001). *Data Mining Explained: a Manager's Guide to Customer-Centric Business Intelligence*. Digital Press.

HAN, J. e KAMBER, M. (2000). *Data mining: concepts and techniques*. Morgan Kaufmann Publishers Inc., San Francisco, CA, USA.

JAIN, A. K., MURTY, M. N., e FLYNN, P. J. (1999). Data clustering: a review. *ACM Comput. Surv.* 31, 3 (Sep. 1999), 264-323. DOI= < http://doi.acm.org/10.1145/331499.331504 >.

MELLI, G., ZAÏANE, O. R., e KITTS, B. (2006). Introduction to the special issue on successful real-world data mining applications. *SIGKDD Explor. Newsl.* 8, 1 (Jun. 2006), 1-2. DOI= < http://doi.acm.org/10.1145/1147234.1147235 >.

RAPIDMINER (2010). http://rapid-i.com/ [acedido 10-05-2010].

SAS INSTITUTE INC. (2010), *SEMMA Methodology: Sample Explore, Modify, Assess* < http://www.sas.com/offices/europe/uk/technologies/analytics/datamining/miner/semma.html > [acedido 10-05-2010].

VAN HULSE, J. (2007) *Data Quality in Data Mining and Machine Learning*. Doctoral Thesis. UMI Order Number: AAI3253566., Florida Atlantic University.

Segmentação de clientes e regras de associação: uma aplicação de *data mining* no mercado farmacêutico

BRUNO AUGUSTO, ISABEL FERNANDES, JOÃO GASPAR, SÉRGIO PINTO E CARLOS SOARES

RESUMO

Hoje em dia, as empresas reconhecem a necessidade de se relacionarem com os seus clientes tendo em conta as características de cada um. Uma abordagem que pode ser usada com esse objetivo é a mineração de dados (ou *data mining*). Neste trabalho, foi usada esta abordagem para o apoio à definição de estratégias de marketing numa empresa da área farmacêutica. Em particular, foram desenvolvidos modelos de segmentação de clientes e para apoio à prescrição de fármacos. Os resultados obtidos representam mais um bom exemplo da viabilidade desta abordagem para o apoio à tomada de decisão em marketing.

1. INTRODUÇÃO

Os clientes mais valiosos de uma empresa são frequentemente os responsáveis por manterem a empresa no negócio. Assim, realmente não faz sentido gastar os mesmos recursos em todo os clientes, como se todos valessem o mesmo (Peppers e Rogers, M., 2004)

Primeira certeza: os clientes não são todos iguais
Segunda certeza: os recursos são escassos

Globalmente, as organizações reconhecem que dificilmente conseguirão servir todos os consumidores da mesma forma. De facto, os consumidores são muito numerosos e apresentam necessidades e comportamentos de compra distintos. Por outro lado, as empresas também diferem entre si, apresentando diferentes capacidades para servir os clientes, pelo que ao invés de tentarem competir no mercado global, cada empresa deverá procurar identificar qual o segmento de mercado que melhor conseguirá satisfazer com a venda dos seus produtos/serviços. A segmentação de mercado é, assim, um compromisso entre o *mass marketing*, onde todos os clientes são impactados da mesma forma, e o pressuposto de que cada cliente necessita de uma abordagem de marketing distinta (Kotler et al., 1996).

A segmentação de mercado envolve a identificação de diferentes grupos de clientes, com características semelhantes dentro de cada grupo mas distintas entre grupos. Desta forma, a heterogeneidade global converte-se em homogeneidade por segmento, sendo expectável que cada empresa se tente posicionar em segmentos que sejam simultaneamente atrativos e que para os quais possua vantagens competitivas.

Neste estudo de caso de uma empresa cuja atividade é a produção e comercialização de produtos farmacêuticos[1], recorremos a técnicas de *data mining* (Han e Kamber, 2002) no apoio ao desenvolvi-

---

[1] Os nomes dos produtos farmacêuticos utilizados neste projeto são fictícios.

mento de estratégias de marketing. Foram estabelecidos os seguintes objetivos:

- Validar uma segmentação de clientes criada manualmente;
- Desenvolver uma segmentação de clientes alternativa, explorando em mais detalhe os dados disponíveis, com base em métodos de *clustering*;
- Desenvolver um modelo de apoio à prescrição de fármacos, com base em métodos de regras de associação.

Embora o projeto descrito aqui represente um estudo preliminar, ele insere-se num objetivo global da empresa para desenvolver estratégias de marketing mais adequadas à satisfação das necessidades dos clientes.

O projeto foi desenvolvido recorrendo à metodologia CRISP-DM (Chapman *et al.*, 2000) e às ferramentas de *data mining* e análise estatística Rapid Miner (RapidMiner, 2010) e SPSS versão 17.0 (IBM SPSS, 2010).

Na secção 2 descrevemos a metodologia CRISP-DM. Em seguida descrevemos o trabalho realizado no âmbito de cada um dos objetivos identificados anteriormente, nomeadamente: validar uma segmentação manual (secção 3), criar uma segmentação com métodos de clustering (secção 4) e desenvolver um modelo de recomendação de fármacos com regras de associação (secção 5). Na secção 6 apresentamos algumas conclusões e linhas de trabalho futuro.

2. METODOLOGIA CRISP-DM

Para o sucesso de um projeto de *data mining* é essencial utilizar uma metodologia adequada como, por exemplo, o CRISP-DM (*Cross Industry Standard Process for Data Mining*) (Chapman *et al.*, 2000). O CRISP-DM tem a vantagem de ser uma metodologia-padrão, não proprietária, suportada por várias ferramentas, incluindo o RapidMiner, que foi usado neste projeto. O CRISP-DM identifica as diferentes fases na implementação de um projeto de *data mining*, sendo aplicável a qualquer indústria, pelo que o mesmo processo pode ser aplicado ao analisar qualquer tipo de dados (comerciais, financeiros, de recursos humanos, produção industrial, serviços prestados, etc.). Esta metodologia é também muito flexível o que facilita a sua adaptação para um estudo preliminar, tal como o que é descrito neste trabalho.

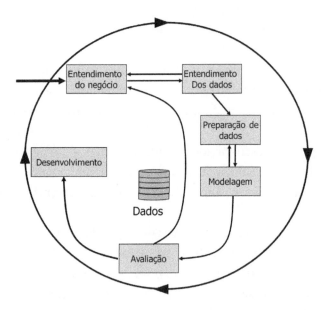

Figura 1. O Processo de *data mining* de acordo com a metodologia CRISP-DM (reproduzido de Chapman *et al.*, 2000)

A metodologia CRISP-DM assenta em várias fases, as quais serão implementadas no presente projeto de *data mining*, como se pode ver na Figura 1. Em detalhe:

- Compreensão do negócio
- Compreensão dos dados
- Preparação dos dados
- Modelação e avaliação
- Implementação

Mais informação sobre cada uma das fases é dada no capítulo anterior.

As próximas secções discutem o trabalho realizado para atingir cada um dos objetivos identificados antes. O texto é organizado seguindo aproximadamente as fases do CRISP-DM.

3. VALIDAÇÃO DE SEGMENTAÇÃO MANUAL

3.1. Compreensão do Negócio

Num projeto de *data mining*, e segundo a metodologia CRISP-DM, numa primeira fase procura-se identificar quais os objetivos e requisitos do projeto numa perspetiva de negócio, convertendo este conhecimento na definição dos objetivos de *data mining*.

Objetivos do negócio

Os objetivos de negócio que se pretende atingir com o presente projeto são essencialmente dois: por um lado, dispor de um modelo de segmentação de clientes por forma a tornar mais eficazes e eficientes as ações de marketing. Por outro, conhecer regras de associação na prescrição de três fármacos que a empresa comercializa (Asmit, Burtikite e Cneumonix) para delinear ações de marketing diferenciadas.

Para esse fim, a empresa começou por realizar uma segmentação manual dos seus clientes. Conforme discutido abaixo, essa segmentação é baseada em duas dimensões de caracterização dos clientes, representadas por índices que agregam várias variáveis.

O objetivo desta tarefa é utilizar técnicas de *data mining* para validar essa segmentação.

Objetivos de **data mining**

O objetivo de negócio indicado acima foi traduzido no seguinte objetivo de *data mining*: utilizar técnicas de *clustering* (Jain et al.,

1999) para segmentar automaticamente os clientes com base nos mesmos índices e verificar a consistência dos *clusters* gerados automaticamente com os que foram identificados manualmente.

O cliente na indústria farmacêutica

No caso da indústria farmacêutica, e realizando uma análise "macro", identificamos os seguintes intervenientes no processo de venda em ambulatório de fármacos sujeitos a receita médica:

- Armazenistas (intermediários);
- Farmácias (intermediários);
- *Médicos (prescritores);*
- Doentes (consumidor final).

Analisando o circuito de venda dos medicamentos sujeitos a receita médica, conclui-se que vários agentes intervêm no mesmo. No entanto, a decisão entre as várias alternativas terapêuticas é do médico, pelo que é este o verdadeiro cliente da indústria farmacêutica e o qual a empresa deverá segmentar.

Fontes de informação

A empresa em estudo dispõe de uma ferramenta de CRM onde está disponível a base de dados com todos os clientes visitados pela equipa comercial e também indicadores/variáveis que caracterizam cada um deles. Esta base de dados, composta por um universo de 5.593 registos de clientes, será a fonte de dados a utilizar no projeto e sobre a qual incidirão as atividades de *data mining*. A exportação dos dados do CRM foi feita recorrendo ao Excel da Microsoft.

A segmentação dos clientes | Estado atual na empresa em estudo

A segmentação dos clientes não é um processo transversal, tipo *one size fits all*, aplicável a toda e qualquer empresa. Pelo contrário, é um processo individualizado onde os *marketeers* têm de analisar e experimentar diferentes variáveis/critérios de segmentação, sozinhas ou em associação, de modo a encontrar a melhor forma de percecionar a estrutura do mercado. Trata-se, essencialmente, de encontrar, dentro de cada mercado, as variáveis que melhor caracterizam e distinguem os consumidores no que se refere ao ato de consumo.

Na empresa farmacêutica está em curso um projeto de segmentação manual de clientes que tem como objetivo classificar os médicos em duas dimensões:

- **Potencial:** pretende medir a capacidade de prescrição de cada médico, ou seja, se os médicos têm capacidade para gerar, no total, muitas ou poucas prescrições de determinada área terapêutica;
- **Penetração:** pretende medir quanto cada médico prescreve dos produtos, isto é, estimar a utilização que o cliente faz dos produtos da empresa

A construção destas duas dimensões (ou índices) é feita recorrendo às variáveis descritas na Tabela 1. Por motivos de confidencialidade, não é possível dar mais informação sobre as variáveis usadas.

TABELA 1. Variáveis usadas na criação dos índices

Variável	Tipo	Domínio
Número de doentes vistos por semana	qualitativa ordinal	< = 39; de 40 a 69; de 70 a 99; > = 100
Vendas do mercado/Número de médicos (vendas *per capita*)	quantitativa	] 0; + ∞ [
Perfil de Adoção	qualitativa nominal	Inovador; Conservador
Prescrição de Genéricos	qualitativa nominal	Sim; Não
Orientação para Fármacos	qualitativa nominal	Sim; Não
Uso Mensal	qualitativa ordinal	Varia em função do produto
Market Index do Produto	variável quantitativa	] 0; + ∞ [
Índice de Evolução	variável quantitativa	] 0; + ∞ [

A cada uma das variáveis é atribuído, com base em conhecimento empírico, um peso e um *score* para cada uma das modalidades de resposta, sendo que a pontuação de cada médico relativamente a cada uma das dimensões é obtida através da multiplicação do peso pelo *score*. Posteriormente são criadas quatro classificações (ou segmentos) utilizando a MEDIANA como limite na série dos índices (ou dimensões) de Potencial e Penetração. Na Figura 2 esquematiza-se as classificações possíveis que cada cliente poderá ter de acordo com o modelo definido.

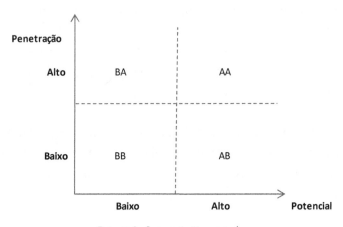

FIGURA 2. Segmentação manual

3.2. Compreensão dos dados

Na fase de compreensão dos dados são tipicamente desenvolvidos três tipos de tarefas:

- Recolha de amostras
- Exploração dos dados
- Análise da qualidade dos dados

Exploração e análise da qualidade dos dados

Esta tarefa consiste tipicamente na utilização de estatísticas básicas (médias, contagens, etc.) e gráficos para conhecer melhor os dados e, em particular, avaliar a sua fiabilidade. Neste projeto, a ferramenta usada para esse fim foi o SPSS ((IBM SPSS, 2010). A exploração e análise estatística dos dados revelou existirem 793 clientes com problemas na sua qualidade, entre os quais destacamos:

- Registos com campos não preenchidos
- Inconsistências (modalidades que não pertencem ao domínio das variáveis)
- *Outliers*

Para as variáveis qualitativas (ordinais e nominais) foi analisada a frequência das modalidades de cada variável com o objetivo de detetar, por um lado, a existência de campos não preenchidos e por outro inconsistências nos dados.

No decorrer da exploração e análise dos dados constatámos que as causas dos problemas encontrados se prendem, por um lado, com o não preenchimento dos campos por falta de conhecimento suficiente da equipa comercial e, por outro, com erros de parametrização do CRM.

De seguida, são apresentados dois exemplos dos problemas detetados nas oito variáveis analisadas[2]. Mais adiante é descrita a forma de resolver os problemas encontrados.

Número de doentes por semana

TABELA 2. Doentes/semana

		Frequência	Percentagem	Percentagem válida	Percentagem cumulativa
Válido		279	5.0	5.0	5.0
	< 39	623	11.1	11.1	16.1
	> 100	607	10.9	10.9	27.0
	de 40 a 69	1877	33.6	33.6	60.5
	de 70 a 99	2207	39.5	39.5	100.0
	Total	5593	100.0	100.0	

---

[2] A análise realizada para outras variáveis é apresentada em anexo.

A análise da frequência de cada uma das modalidades da variável permitiu concluir que concluir que existem 279 médicos (ao que corresponde 5.0% do total) que não têm a variável N.º de Doentes por Semana preenchida.

Uso mensal

TABELA 3. Uso mensal de Asmit

		Frequência	Percentagem	Percentagem válida	Percentagem cumulativa
Válido		56	1.0	1.0	1.0
	< 2	2	.0	.0	1.0
	> 5	176	3.1	3.1	4.2
	de 0 a 8	1	.0	.0	4.2
	de 1 a 2	2722	48.7	48.7	52.9
	de 2 a 4	2	.0	.0	52.9
	de 3 a 5	675	12.1	12.1	65.0
	igual a 0	1959	35.0	35.0	100.0
	Total	5593	100.0	100.0	

Na variável Uso Mensal são 5 os clientes cuja modalidade de resposta não pertence ao domínio da variável e 56 (1.0% do total) os clientes com o campo não preenchido (Tabela 3).

Para as variáveis quantitativas, foi utilizada como ferramenta analítica a caixa de bigodes/*boxplot* com o objetivo de identificar *outliers* na base de dados. Seguem-se alguns exemplos das exceções detetadas onde na *boxplot* estão assinalados com * os *outliers* severos e com • os moderados.

Em seguida, apresentamos a análise realizada para uma das variáveis[3].

---

[3] A análise realizada para outras variáveis é apresentada em anexo.

Índice de evolução

Na variável Índice de Evolução, os *outliers* prendem-se com a existência de *microbricks* (isto é, a unidade geográfica onde o cliente em questão trabalha) onde, relativamente ao mercado, Asmit apresenta uma taxa de crescimento anormalmente elevada (Figura 3).

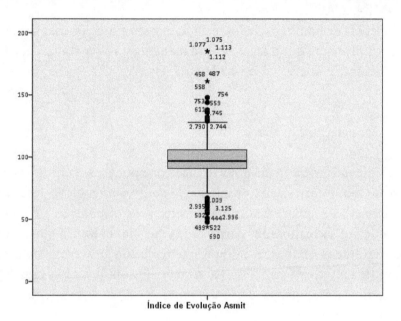

FIGURA 3. Índice de evolução do Asmit

3.3. Preparação dos dados

Num projeto de *data mining*, a fase de preparação dos dados é crucial para que seja garantida a qualidade e fiabilidade da informação que irá suportar toda a análise. Esta fase está intimamente ligada com a fase de compreensão dos dados, e consiste nas tarefas:

- Limpeza dos dados
- Seleção das variáveis mais importantes
- Criação de novas variáveis, frequentemente com base nas variáveis existentes

Uma vez identificados os problemas que os dados apresentam na fase de compreensão dos dados, é agora necessário proceder à sua resolução. Considerando a elevada dimensão da base de dados (5.593 registos) e o reduzido número de registos que apresentam problemas (campos não preenchidos, inconsistências e *outliers* graves) – 793 registos, as operações de limpeza dos dados consistiram na sua ELIMINAÇÃO.

Depois de limpos os dados, e dado que se optou por usar as mesmas variáveis em que a segmentação manual está a ser realizada, não foi necessário selecionar ou criar variáveis.

3.4. Modelação e avaliação

Tipicamente existem várias técnicas que podem ser utilizadas na fase de modelação de um problema de *data mining*. Nessa fase são selecionadas e aplicadas algumas das técnicas disponíveis e os seus parâmetros são calibrados para valores que maximizem a qualidade dos resultados obtidos. A calibração é realizada através de um processo de tentativa e erro, em que os modelos obtidos são avaliados em termos dos objetivos de *data mining*.

3.4.1. *Segmentação automática com o método das* k-means

Nesta fase, foi desenvolvida a segmentação automática usando o método *k-means* do Rapid Miner focando no produto Asmit. Relembramos que o objetivo desta segmentação é validar a segmentação de clientes que está a ser desenvolvido atualmente na empresa em estudo.

Conforme discutido no capítulo anterior, este método é sensível à escala das variáveis e também a *outliers*. Assim, prosseguiu-se a preparação dos dados eliminando as observações contendo *outliers* e normalizando os dados: $x_i = (x_i - \bar{x})/s_x$ ou seja, valor normalizado = (valor original – média dos valores originais) /desvio padrão dos valores originais. Antes da normalização, o valor médio obtido era de 0,537 para o índice de penetração e de 0,491 para o índice de potencial, com um desvio-padrão de 0,25 e de 0,169 respectivamente.

Após a normalização dos dados obtivemos os seguintes intervalos de valores:

- Índice de penetração: [-1,672;2,577]
- Índice de potencial: [-2,567;1,701]

Para utilizar o método *k-means* é necessário definir o número de *clusters* a serem gerados, *k*. No entanto, dado que o objetivo é comparar com a segmentação em quatro clusters que a empresa está a fazer, aqui será usado *k* = 4. O processo Rapid Miner é apresentado na Figura 3.

Validação da segmentação automática

A execução do *k-means* no Rapid Miner deu origem a uma segmentação com a distribuição de N clientes por cada um dos quatro *clusters* e o respetivo centróide apresentadas na Tabela 4).

TABELA 4. Centróides do *clustering* realizado para validar a segmentação manual

Cluster	N	Índice potencial (centroid)	Índice penetração (centroid)
0	1156	0,648	0,335
1	1250	0,353	0,317
2	1046	0,653	0,738
3	1362	0,360	0,757

Poderemos, desde já, tirar as seguintes conclusões:

- a atribuição de clientes pelos diferentes *clusters* é "equilibrada", na medida em que o número total de observações se encontra distribuído proporcionalmente entre si;

- os centróides são consistentes para índices de penetração e de potencial altos e baixos, o que permite desde já antever quadrantes de dimensões homogéneas e alinhadas com a segmentação manual.

Continuando com a análise aos resultados obtidos com o Rapid Miner, podemos utilizar o CenterPlotView de forma a visualizarmos os segmentos e, em particular, os limites definidos para cada *cluster*. Os *clusters* identificados via *data mining* podem ser interpretados da seguinte forma em termos de Potencial e Penetração, respectivamente:

- *Cluster* 0: (alto, baixo)
- *Cluster* 1: (baixo, baixo)
- *Cluster* 2: (alto, alto)
- *Cluster* 3: (baixo, alto)

A análise do gráfico (Figura 4) permite-nos concluir que uma parte dos clientes atribuídos ao *Cluster* 2 e ao *Cluster* 3 se vão sobrepor no seu limite para os índices de penetração mais elevados.

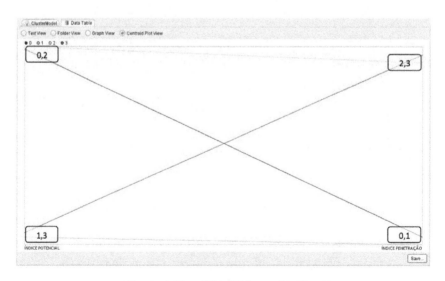

FIGURA 4. Centróides obtidos no *clustering*

Utilizando o PlotView podemos visualizar o *cluster* em que cada cliente se irá posicionar[4] (Figura 5). Tal como previsto, existem clientes que se sobrepõem para os Índices de Penetração alto, mas para os quais o Índice de Potencial não permite uma discriminação clara. No que se refere aos centróides, estes encontram-se consistentes com índices de potencial e de penetração altos e baixos, confirmando uma vez mais que intra segmento os clientes são homogéneos, no entanto inter segmento são heterogéneos. Por último, é importante salientar que os *scores* de intercepção não normalizados correspondem ao índice de potencial de 0,491 e de penetração de 0,537.

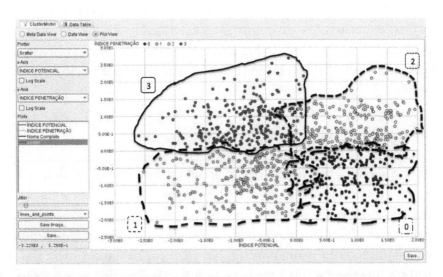

FIGURA 5. Distribuição das observações por cluster, de acordo com duas das variáveis de segmentação

Finalmente procedemos à validação do modelo em comparação com a segmentação feita manualmente (Tabela 5). Nesse sentido vamos utilizar a matriz de confusão, de forma a comparar o número de clientes que estão no mesmo segmento em ambas as segmentações.

---

[4] Para se ter uma ideia mais clara da dimensão dos clusters, foi utilizado o mecanismo de *jitter*.

Tabela 5. Comparação das segmentações manual e automática

Manual/Automática	AA	AB	BA	BB	
AA	1046	0	325	0	76,29%
AB	0	1156	0	242	82,69%
BA	0	0	1037	0	100,00%
BB	0	0	0	1008	100,00%
	100,00%	100,00%	76,14%	80,64%	4247

Comparando o *cluster* em que cada observação se insere pelo Rapid Miner, com os limites utilizados (e definidos) pela empresa, as duas segmentações são consistentes em 88,22% dos clientes. Concluímos então que a metodologia de criação dos segmentos utilizada pela empresa (mediana dos índices de potencial e penetração) é adequada.

Segmentação alternativa com Clustering

Na secção anterior, foi realizada uma segmentação automática a partir dos dois índices que também servem de base à segmentação manual a ser realizada na empresa. Os resultados indicam que o método de *clustering* não produziu resultados que contrariassem a segmentação feita manualmente. No entanto, os índices são construídos agregando um conjunto de 8 variáveis cujos valores são conhecidos. A necessidade de reduzir o número de variáveis é causada pelas dificuldades dos seres humanos em lidarem com grande número de variáveis. Ao agregar a informação de várias variáveis, torna-se impossível identificar perfis que representam padrões baseados num subconjunto dessas variáveis ou até em variáveis individuais. Os métodos de *clustering* não sofrem dessa limitação.

Tendo isso em conta, decidimos aplicar o método *k-means* ao conjunto de variáveis originais para tentar obter uma segmentação alternativa, que nos poderá dar uma perspectiva do mercado diferente daquela que a segmentação manual proporciona.

Preparação dos dados e modelação

Foram selecionadas as oito variáveis que compõem os dois índices, a saber – Nº de Doentes por, Vendas do mercado/N.º médicos, Perfil de Adopção, Prescrição de Genéricos, Orientação para Fármacos, Uso mensal, *Market Index* do Produto, Índice de Evolução.

As variáveis foram tratadas de forma independente, apenas os seus valores e não lhes foram atribuídos os respectivos pesos na composição dos índices (Tabela 6).

TABELA 6. Variáveis e pesos respetivos nos índices

	Indicadores	Peso	Opções	Score
POTENCIAL	Nº Doentes/Semana	33%	>= 100	50%
			de 70 a 99	35%
			de 40 a 69	15%
			<= 39	0%
	Prescrição de Genéricos	9%	Sim	0%
			Não	100%
	Orientação para fármacos	9%	Sim	100%
			Não	0%
	VND CT/Nº Médicos (MAT)	38%	>= Mediana	85%
			< Mediana	15%
	Perfil de Adopção	11%	Inovador	0%
			Conservador	100%
	Total	100%		
PENETRAÇÃO	Uso (Prescrição fármaco/mês)	20%	> 19	50%
			de 12 a 18	35%
			de 6 a 11	15%
			> 5	0%
	Índice de Evolução Relativo (MAT)	30%	>= Mediana	85%
			< Mediana	15%
	MI do Produto (MAT)	50%	>= 100	85%
			< 100	15%
	Total	100%		

Como anteriormente, as variáveis foram normalizadas antes de se realizar o *clustering* e o *software* usado foi o Rapid Miner. O processo de segmentação foi iterativo, como é normal, sendo explorados diferentes subconjuntos de variáveis e parâmetros do método.

Aplicação da metodologia: resultados do estudo de caso

Após aplicação da metodologia indicada, obteve-se o resultado apresentado na Figura 6.

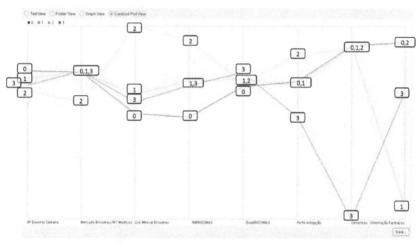

FIGURA 6. Centróides dos *clusters* obtidos com oito variáveis e k = 4

A figura mostra que a hipótese colocada se confirma: aplicando um método de *clustering* às 8 variáveis originais, é possível obter uma segmentação diferente da que está a ser realizada manualmente. Em particular, é possível identificar perfis de clientes que se distinguem dos outros num subconjunto das variáveis, o que não é possível quando essas variáveis são agregadas em 2 índices. Por exemplo, o segmento 2 distingue-se dos outros por ter valores mais baixos de Vendas do mercado/N° médicos e valores mais elevados de Uso mensal, Market Índex do Produto e Perfil de Adoção. Este segmento caracteriza-se por médicos com um potencial de prescrição não tão elevado mas com uma alta penetração no mercado.

Nalguns casos, o perfil distingue-se mesmo só por uma variável, como é o caso do segmento 3, que representa clientes com um valor muito baixo de prescrição de genéricos. Como os medicamentos estudados não eram genéricos, este segmento, de acordo com essa variação, tem um potencial mais alto e poderá ser muito interessante se for trabalhado pelos delegados de informação médica da empresa.

Analisando as variáveis, podemos observar que algumas (N° de Doentes por semana e Índice de Evolução) têm menor valor discriminativo do que as outras. Em teoria, as primeiras 5 variáveis analisadas seriam das mais interessantes para caracterizar tanto o potencial de cada cliente como a penetração da marca. No entanto, esta análise efetuada recorrendo a técnicas de *data mining* evidencia que não são as principais responsáveis pela definição dos *clusters*. Em contrapartida, seria de esperar que as três últimas (Perfil de Adoção, Prescrição de Genéricos e Orientação para Fármacos) tivessem menor impacto mas verifica-se que todas elas têm valor discriminativo.

Estes resultados levantaram algumas questões relativamente à forma como os índices usados na segmentação manual são calculados. Estas três últimas variáveis representam cerca de 30% do índice que compõe o potencial, o que provoca ruído nos resultados. Além disso, a escala só assume valores de 0 ou 1, o que influencia definitivamente a análise do problema e poderá alterar o quadrante de muitos dos clientes estudados. Por exemplo, um médico que tenha positivo nessas três variáveis, ou seja, se um médico é conservador, orientado para fármacos e não prescreve genéricos terá um alto potencial mesmo que só atenda 1 doente por semana. Por estes motivos decidiu-se retirar as três variáveis e continuar o estudo de identificação dos *clusters*.

Antes de reduzirmos o número de variáveis, repetimos a experiência mas desta vez com *k*=5, ou seja, gerando 5 *clusters* com o algoritmo *k-means*. Os resultados são apresentados na Figura 7 e ilustram bem a necessidade em *data mining* de realizar de várias experiências. O algoritmo identificou um novo perfil que apenas se distingue dos outros por ter um valor de Perfil de Adoção bastante mais baixo.

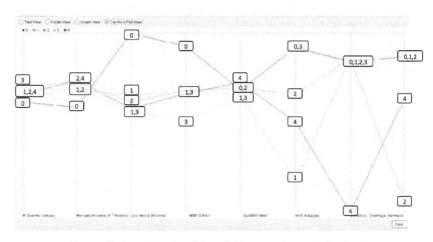

FIGURA 7. Centróides dos *clusters* obtidos com oito variáveis e k = 5

Pelas razões explicadas acima, foi realizada uma segmentação focando apenas nas primeiras cinco variáveis (N.º Doentes/Semana, VND CT/Nº Médicos, Uso (Prescrição fármaco/mês), Índice de Evolução e MI do Produto). Para quatro *clusters* obtiveram-se os resultados apresentados na imagem seguinte:

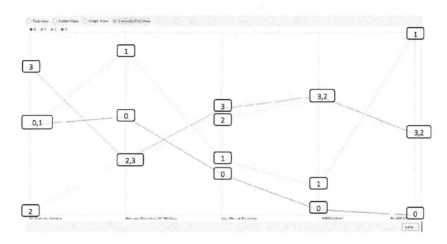

FIGURA 8. Centróides dos *clusters* obtidos com cinco variáveis e k = 4

A Figura 8 confirma que é possível obter um conjunto de perfis diferentes dos anteriores focando-nos nestas variáveis. Repare-se, por exemplo, que a variável Nº de Doentes por Semana tem maior valor discriminativo nesta segmentação do que na anterior.

Também aqui a análise do resultado obtido gerou uma discussão interessante em relação aos índices usados na segmentação manual, em particular para avaliar a utilização ou não da variável de índice de Evolução no cálculo do índice de penetração. Foi ponderado se era adequado que esta variável representasse 30% desse índice. O Índice de Evolução representa o crescimento de venda do produto dividido pelo crescimento do mercado, em determinado local e período.

Verificou-se que os médicos que trabalham em regiões que apresentavam menor volume de vendas estavam propensos a ter uma evolução maior, ou seja, se o crescimento do mercado numa zona daquela gama de produtos é de 1% e os médicos daquela região passam a prescrever 4 caixas quando antes prescreviam 2 há um aumento em percentagem significativo (100%), apesar de em termos absolutos tal aumento ser muito pequeno. Este cenário faz com que o médico tenha um índice de evolução alto e consequentemente um alto índice de penetração.

Além disso, outro aspecto importante a ter em conta é a forma como são tratadas as diferenças entre um alto índice de evolução e um apenas positivo. Neste momento não importa quanto um é superior ao outro, bastando que os dois sejam superiores à mediana para que passem a valer 0,85 pontos, ou seja, com uma evolução de 2% ou de 100% têm a mesma pontuação.

Como o índice de penetração resulta da ponderação de 3 variáveis, com um peso de 1/3 no índice de evolução, poderiam existir médicos classificados com um alto valor na penetração justamente por isso.

Recorrendo ao método das *k-means* no Rapid Miner verificou-se que existem muitos médicos que pertencem ao *cluster* 1 que apresentam valores baixos na primeira e segunda variável de penetração e alto na evolução do mercado, sendo consequentemente classificados em *clusters* diferentes. Isto foi verificado quando se comparou o índice de penetração em cada um dos *clusters* com e sem a variável Índice de Evolução (Tabela 7).

TABELA 7. Valores do Índice de Potencial e de Penetração para cada um dos quatro clusters

	Índice de Potencial	Índice de penetração C/ Evolução	Índice de penetração S/ Evolução
Cluster 0	0,08985	0,132922	0,087922
Cluster 1	0,353784	0,347421	0,092421
Cluster 2	0,359417	0,500111	0,455111
Cluster 3	0,085142	0,503726	0,458726

Com estes dados é possível afirmar que a variável Índice de Evolução, em pelo menos um dos *clusters*, altera definitivamente os resultados, podendo fazer com que muitos médicos estejam mal segmentados.

Alterações ao processo de segmentação

Após a análise dos resultados obtidos, concluímos que o modelo de segmentação de clientes em desenvolvimento pela empresa poderia ser melhorado. Assim, recomendamos:

1) Reavaliar as escalas de todas as variáveis e uniformizar o número de modalidades possíveis. Neste momento, em algumas variáveis há duas modalidades, por exemplo, a variável perfil de adoção (ou é inovador ou conservador), enquanto que noutras há quatro modalidades possíveis;
2) Modificar o algoritmo e modelo de segmentação o qual sugerimos que passe a ter duas fases;

- 1ª fase: divisão dos médicos em quatro *clusters*, de acordo com as quatro variáveis (N.º Doentes/Semana, VND CT/ Nº Médicos, Uso Mensal e Índice de Evolução);

- **2ª fase:** divisão de cada *cluster* da primeira fase em mais dois *subclusters* e utilização das quatro variáveis que não foram utilizadas na fase anterior, a saber: Market Index do Produto, Perfil de Adoção, Prescrição de Genéricos e Orientação para fármacos e ponderando cada variável de acordo com as especificidades de cada produto.

3) Rever os pesos de cada uma das variáveis de forma a uniformizar mais os resultados.

1. *REGRAS DE ASSOCIAÇÃO PARA APOIO À PRESCRIÇÃO*

O terceiro objetivo do estudo é o de criar um modelo de apoio à prescrição dos três produtos, tendo em vista a definição de estratégias de marketing mais eficazes e eficientes. Para este fim vamos seguir mais uma vez uma abordagem de *data mining*, usando um algoritmo de regras de associação numa típica análise de *Market Basket Analysis*.

3.5. Compreensão do negócio

No âmbito do negócio da empresa, existe um investimento de marketing, nomeadamente ao nível da comunicação e da força de vendas. O retorno do investimento será tanto maior quanto maior e melhor for a informação que a empresa dispõe dos seus clientes. Com efeito, se puder ser estimado o que mais pode interessar aos seus clientes, a empresa apostará de forma mais cirúrgica na comunicação dos produtos a esses clientes.

Assim, recorrendo aos dados históricos do uso mensal dos produtos, pretende-se descobrir regras de associação, ou seja, quais produtos que o cliente tende a prescrever em concomitância.

Em *data mining*, a Associação, comummente designada também por *Market Basket Analysis* é um método para descobrir relações de coocorrência entre variáveis. Esta técnica permite a descoberta de regras de associação, ou seja, regras que com base no histórico nos indicam qual(ais) ocorrência(s) (antecedente) são indicador(es) de outra ocorrência (consequente) com determinado nível de frequência.

3.6. Preparação dos dados

Na preparação dos dados é necessário fazer uma transformação da tabela de dados. Com efeito, o método de regras de associação necessita que os dados estejam representados numa formato binário. Assim, as vendas de cada fármaco foram binarizadas da forma indicada na Tabela 8. A Tabela 9 apresenta um pequeno exemplo do aspeto dos dados depois de transformados.

TABELA 8. Binarização dos dados

Asmit	Burtikite	Cneumonix	Novo valor	Significado
igual a 0	< 3	igual a 0	N	Poucas compras
de 1 a 2	de 3 a 5	de 1 a 2		
de 3 a 5	de 6 a 10	de 3 a 5	S	Muitas compras
> 5	> 10	> 5		

TABELA 9. Ilustração da nova representação dos dados

Cliente	Asmit	Burtikite	Cneumonix
Cliente X	S	N	S
Cliente Y	S	N	N
Cliente Z	N	S	S

A operação seguinte é eliminar os eventuais *outliers*. As variáveis de perfil dos clientes são: Nº de Doentes por Semana, Perfil de Adopção, Orientação para Fármacos e Prescrição de Genéricos. Do conhecimento do negócio entende-se que as variáveis: Perfil de Adopção, Orientação para Fármacos e Prescrição de Genéricos não influenciam as regras de prescrição dos produtos. Já a variável Nº de Doentes por Semana influencia as variáveis Objetivo na medida em que quanto maior for o número de doentes atendidos por semana, maior volume potencial de prescrição existe. Com efeito, fazia mais sentido analisar o rácio Uso Mensal / N° Doentes de por Semana para perceber as regras de associação, mas tal não é possível porque não existe essa informação agregada.

Como temos a informação do N° de Doentes por Semana definido por intervalos e não temos limite do intervalo superior, então não podemos definir a média dos intervalos como estimativa desta variável de forma a calcular o rácio (Tabela 10). Assim, opta-se por não considerar os clientes com N° Doentes Semana <39 visto que muitos destes deverão ser considerados com Uso mensal Elevado face ao rácio Uso Mensal / N° Doentes Semana estimativo mas estarão em Uso Mensal baixo. Retiraram-se assim 510 clientes.

TABELA 10. Resultado da discretização da variável N.º de doentes/semana

N.º Doentes Semana	N.º Clientes	Representatividade
< 39	510	11%
de 40 a 69	1.698	35%
de 70 a 99	2.057	43%
> 100 – 549	549	11%
Total	4.814	100%

3.7. Modelação e resultados

O método de regras de associação do Rapid Miner é baseado no algoritmo APRIORI (Agrawal *et al.*, 1993). Este algoritmo gera regras de associação com a forma {A, B, ...,} → {F, G, ...} que podem ser interpretadas como "a compra dos fármacos A, B, ... está frequentemente associada à compra dos fármacos F, G, ...". Este tipo de regras pode ser usado nas vendas da seguinte maneira: quando o vendedor recebe uma encomenda dos produtos A, B, ..., sugere ao cliente a compra dos produtos F, G, ..., com a garantia de que muitos dos clientes que estão interessados nos primeiros, estão também interessados nestes últimos.

O procedimento para aplicação deste método passa pela definição dos parâmetros mínimos de qualidade das regras de associação, ou seja, os níveis de Suporte e Confiança. O nível de suporte representa a percentagem de coocorrências, ou seja, a percentagem de clientes face ao total que prescrevem regularmente todos os produtos associados à regra. Para que exista uma representatividade mínima, definimos um suporte mínimo da regra de 5%. Ou seja, vamos uma regra de associação poderá ser incorporada no modelo se se verificar em pelo menos 5% dos clientes, para assegurar, por um lado, que é representativa de um comportamento-padrão e não de excepcional, e, por outro, que se aplica a um conjunto suficiente de clientes que rentabilize o investimento de marketing.

O nível de confiança representa a percentagem dos casos nos dados históricos em que a ocorrência dos produtos do lado esquerdo da regra (o antecedente, que no exemplo é o conjunto {A, B, ...}) está associado à ocorrência dos produtos no lado direito (o consequente, que no exemplo é o conjunto {F, G, ...}). Ou seja, a confiança de uma regras representa o nível de acerto das previsões que realiza. Para garantir um grau de acerto da previsão que permita fazer recomendações com um grau razoável de certeza, de forma a assegurar estratégias de marketing oportunas e rentáveis, definimos a confiança mínima da regra de 40%. Isto significa que com base nos dados históricos pelo menos 40% das vezes que um cliente prescreve regularmente o(s) produto(s) do antecedente das regras então prescreveu também os produtos do consequente das regras. De destacar que todo o processo seguinte se mantém inalterado quaisquer que sejam os níveis de suporte e confiança definidos.

O procedimento com o Rapid Miner está dividido em duas fases: 1) identificação dos subconjuntos frequentes de produtos e 2) geração das regras (Figura 9 (a))([5]):

([5]) Mais detalhes sobre o processo Rapid Miner são apresentados em anexo.

No.	Premises	Conclusion	Support	Confidence
1	Prod A	Prod B	0.064	0.451
2	Prod C	Prod B	0.092	0.461
3	Prod B	Prod C	0.092	0.508
4	Prod A	Prod C	0.073	0.511

(a) (b)

FIGURA 9. Regras de associação em Rapid Miner: (a) operadores usados; (b) uma representação das regras obtidas

Os resultados obtidos são ilustrados na Figura 9 (b), na Figura 10 e na Tabela 11. Dado que trabalhámos apenas com 3 produtos, as regras não são muito interessantes. No entanto, permitem já ilustrar a utilidade deste tipo de modelo. Por exemplo, de acordo com estas regras, faz sentido sugerir os produtos Burtikite e Cneumonix a quem comprar o produto Asmit. Mas o contrário não se verifica. Ou seja, se um cliente comprar o produto Burtikite ou Cneumonix, não faz sentido recomendar o produto Asmit.

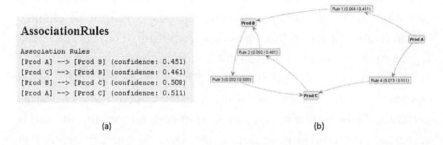

(a) (b)

FIGURA 10. Regras de associação em Rapid Miner: (a) representação das regras em texto e (b) num grafo

Tabela 11. Regras de associação obtidas

Produto-Premissa	Produto-Alvo	Confiança	Suporte
A	B	45,1%	6,4%
C	B	46,1%	9,2%
B	C	50,8%	9,2%
A	C	51,1%	7,3%

Neste estudo, e porque se trata de apenas três produtos, foi também possível simular o funcionamento do algoritmo de geração de regras de associação utilizando uma folha de cálculo, conforme se pode ver em anexo.

2. CONCLUSÕES E TRABALHO FUTURO

Este trabalho descreve um estudo de aplicação de técnicas *de data mining* (Han e Kamber, 2002) no apoio ao desenvolvimento de estratégias de marketing para uma empresa cuja atividade é a produção e comercialização de produtos farmacêuticos. Embora seja um estudo preliminar, todos os objetivos traçados foram atingidos.

Em primeiro lugar, usámos o método de clustering *k-means* para validar uma segmentação manual. Os resultados permitiram-nos concluir que a segmentação manual representa grupos de clientes que efetivamente têm reflexo nos dados utilizados. No entanto, essa segmentação manual é baseada em 2 índices construídos a partir de um conjunto de variáveis. Essa agregação é necessária por dificuldade dos analistas humanos em construírem segmentos com base em várias variáveis. Assim, aplicámos o método *k-means* ao conjunto de variáveis original e concluímos que, como seria de esperar, é possível identificar perfis neste conjunto de variáveis que não são detectáveis nos índices. Um resultado inesperado deste segundo estudo foi um conjunto de recomendações para alterações aos processo de segmentação manual, incluindo relativas à constituição dos índices. Finalmente, foi desenvolvido um modelo de regras de associação para apoio à prescrição de fármacos. Embora este modelo se tenha focado num conjunto de apenas 3 produtos, permitiu ilustrar a utilização desta abordagem para suportar o processo de vendas da empresa.

A criação de um modelo de segmentação de clientes e de regras de associação na prescrição de fármacos não é um fim em si mesmo. O conhecimento adquirido terá agora de ser incorporado e sistematizado pela empresa por forma a ser utilizado na definição das estratégias de marketing mais adequadas a cada um dos segmentos de clientes e, consequentemente, aumentar as vendas e a rentabilidade da organização.

REFERÊNCIAS

AGRAWAL, R., IMIELIŃSKI, T., e SWAMI, A. (1993). Mining association rules between sets of items in large databases. In *Proceedings of the 1993 ACM SIGMOD International Conference on Management of Data* (Washington, D.C., maio 25-28, 1993). P. Buneman and S. Jajodia, Eds. SIGMOD '93. ACM, New York, NY, 207-216. DOI= < http://doi.acm.org/10.1145/170035.170072 >.

CHAPMAN, P., CLINTON, J., KERBER, R., KHABAZA, T., REINARTZ, T., SHEARER, C. e WIRTH, R. (2000). *CRISP-DM 1.0: Step-by-Step Data Mining Guide (manual)*. < http://www.crisp-dm.org/download.htm > [acedido 10-05-2010].

HAN, J. e KAMBER, M. (2000). *Data mining: concepts and techniques*. Morgan Kaufmann Publishers Inc., San Francisco, CA, USA.

IBM SPSS STATISTICS (2010). < http://www.spss.com/statistics/ > [acedido 10-05-2010].

JAIN, A. K., MURTY, M. N., e FLYNN, P. J. (1999). Data clustering: a review. *ACM Comput. Surv.* 31, 3 (Sep. 1999), 264-323. DOI= < http://doi.acm.org/10.1145/331499.331504 >.

KOTLER, P., ARMSTRONG, G., SAUNDERS, J. e WONG, V. (1996), *Principles of Marketing* (2nd European Edition), Prentice Hall Europe.

PEPPERS, D. e ROGERS, M. (2004), *Managing Customer Relationships*, New York.

RAPIDMINER (2010). < http://rapid-i.com/ > [acedido 10-05-2010].

3. ANEXO – EXPLORAÇÃO E ANÁLISE DA QUALIDADE DOS DADOS

A análise das variáveis nominais deu os resultados apresentados em seguida.

Perfil de Adoção

TABELA 12. Perfil de adoção

		Frequência	Percentagem	Percentagem válida	Percentagem cumulativa
Válido		289	5.2	5.2	5.2
	Conservador	1653	29.6	29.6	34.7
	Inovador	3651	65.3	65.3	100.0
	Total	5593	100.0	100.0	

No que se refere ao Perfil de Adoção, 289 clientes (5.2% do total) não têm a variável preenchida (Tabela 12 e 11 (a)).

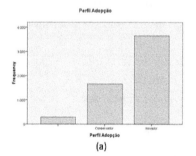
(a)

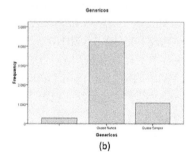
(b)

FIGURA 11. Análise exploratória dos dados: (a) perfil adoção; (b) prescrição de genéricos

Prescrição de Genéricos

TABELA 13. Prescrição de genéricos

		Frequência	Percentagem	Percentagem válida	Percentagem cumulativa
Válido		288	5.1	5.1	5.1
	Quase Nunca	4235	75.7	75.7	80.9
	Quase Sempre	1070	19.1	19.1	100.0
	Total	5593	100.0	100.0	

Na variável Prescrição de Genéricos verificamos existirem 288 clientes (5.1% do total) sem o preenchimento deste campo (Tabela 13 e Figura 11(b).

Orientação para Fármacos

TABELA 14. Orientação para fármacos

		Frequência	Percentagem	Percentagem válida	Percentagem cumulativa
Válido		300	5.4	5.4	5.4
	Não	1198	21.4	21.4	26.8
	Sim	4095	73.2	73.2	100.0
	Total	5593	100.0	100.0	

No que se refere à Orientação para Fármacos, 300 clientes (5.4% do total) não têm a variável preenchida (Tabela 14 e Figura 12 (a)).

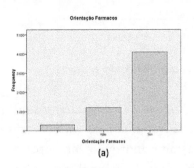
(a)

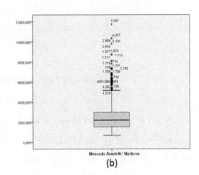
(b)

FIGURA 12. Análise exploratória dos dados: (a) orientação para fármacos; (b) vendas do mercado *per capita*

Em relação às variáveis quantitativas, obtivemos os seguintes resultados.

Vendas do Mercado / N.º de Médicos (ou vendas do mercado per capita)

A existência de *outliers* prende-se essencialmente com o reduzido número de clientes visitados pela equipa comercial na unidade geográfica (denominada *microbrick*) onde o cliente em questão trabalha (Figura 12 (b)).

Market Index

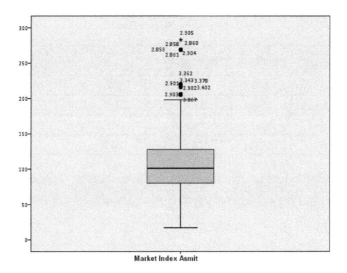

FIGURA 13. Análise exploratória dos dados: **Market Index**

No caso da variável *Market Index* (Figura 13), constatámos que os *outliers* estão associados a clientes que trabalham em *microbricks* onde a quota de mercado do produto Asmit é anormalmente superior à quota de mercado que o produto tem a nível nacional (totalidade do mercado português).

4. ANEXO – REGRAS DE ASSOCIAÇÃO NA FOLHA DE CÁLCULO EXCEL

Para fazer a Associação, usa-se o algoritmo de Apriori para procurar os conjuntos frequentes de tamanhos sucessivos. Por opção faz-se todos os conjuntos frequentes de tamanho 2 independentemente de respeitarem ou não o suporte mínimo estabelecido (Tabela 15).

TABELA 15. Obtenção de regras de associação em Excel

Cliente	Asmit	Burtikite	Cneumonix	A	B	C	AB	AC	BC	ABC
Cliente 1	S	N	N	1						
Cliente 2	N	N	N							
Cliente 3	N	S	S		1	1			1	
Cliente 4	N	N	N							
Cliente 5	N	N	N							
Cliente 6	N	S	S		1	1			1	
Cliente 7	N	N	N							
Cliente 8	S	S	S	1	1	1	1	1	1	1
Cliente 9	N	N	N							
Cliente 10	S	S	N	1	1		1			
Cliente 11	N	N	N							
Cliente 12	N	N	N							

Depois, calcula-se o suporte e confiança para todas as regras conforme as fórmulas seguintes.

$$Suporte\ X = N.º\ Conjuntos\ X\ N.º\ Total\ de\ Conjuntos$$

$$Confiança\ X = Y = Suporte\ X \cup Y)\ Suporte\ (X)$$

Os resultados são mostrados na Tabela 16, em que o símbolo * assinala os valores superiores aos mínimos estabelecidos.

TABELA 16. Regras de associação obtidas em Excel

(4.304)	A	B	C	AB	AC	BC	ABC
Frequência	614	781	861	277	314	397	172
Suporte	14,3%	18,1%	20,0%	6,4%	7,3%	9,2%	4,0%
Confiança	A->	B->	C->	AB->	AC->	BC->	
A	–	35,5%	36,5%	–	–	43,3%	
B	45,1%*	–	46,1%*	–	54,8%	–	
C	51,1%*	50,8%*	–	62,1%	–	–	

Parte II

SISTEMAS DE INFORMAÇÃO E PROCESSOS DE NEGÓCIO

SISTEMAS DE INFORMAÇÃO

COORD.
JOÃO VARAJÃO E **FERNANDO MOREIRA**

Função Sistemas de Informação nas organizações – realidade, desafios e oportunidades do uso de arquiteturas empresariais

JOÃO PAULO BAPTISTA, JOÃO VARAJÃO E FERNANDO MOREIRA

RESUMO

As tecnologias e sistemas de informação são ferramentas indispensáveis para a sobrevivência e sucesso das organizações, exigindo-se atualmente uma espécie de quadratura do círculo: fazer mais, melhor e mais rápido, com os mesmos ou menos recursos, mas gastando menos. A integração é a nova palavra de ordem e o conceito e modelo de Arquitetura Empresarial emerge de novo. Neste artigo, são abordados vários dos aspetos da realidade atual da função sistemas de informação nas organizações e os desafios e oportunidades que hoje se colocam no uso de arquiteturas empresariais.

1. INTRODUÇÃO

O *boom* da Internet expôs um elevado nível de rigidez no que respeita ao ambiente tecnológico e processual de muitas empresas, expressa na incapacidade de adaptação aos novos canais de interação com os clientes. Em muitos casos, os sistemas de informação (SI) organizacionais foram, ou ainda são, pouco ágeis e pouco versáteis. Principalmente no que respeita a grandes empresas, os SI tornaram-se ao longo do tempo demasiado complexos, funcionando em alguns casos quase que por "milagre", onde qualquer nova funcionalidade é muito difícil de implementar, implica a alteração de múltiplos sistemas legados e representa custos significativos. Desenvolver e testar novas funcionalidades num ambiente assim requer muito tempo e é uma "aventura" dispendiosa e arriscada.

Muitos gestores de grandes empresas conseguem enumerar vários processos de negócio que, apesar de serem semelhantes, são executados de diferentes formas em diversos lugares da empresa, e que são suportados por diferentes sistemas. Implementar processos de negócio uniformizados e devidamente suportados por tecnologias da informação (TI) traz custos, particularmente aqueles associados com a mudança organizacional, mas os benefícios são múltiplos: ambientes tecnológicos mais simples, redução do custo das operações, maior agilidade e, por conseguinte, maiores vantagens competitivas.

A agilidade dos negócios é uma necessidade estratégica. A globalização crescente, o aumento da regulação, a aceleração do ciclo de vida dos negócios e da evolução tecnológica, requerem uma grande capacidade organizacional para possibilitar a rápida mudança.

À medida que as empresas se tornam maiores e mais globais, é-lhes exigida por lei e pelos reguladores informação estruturada cada vez mais complexa. Para muitas empresas, novas leis representam custos significativos, sem valor percebido. Uma boa organização dos dados permite às empresas serem mais transparentes e permite produzir com mais facilidade a informação exigida por auditores e reguladores.

Em vários projetos em que temos tido a oportunidade de participar, comentários como os seguintes, por parte de gestores executivos, representam sérios sinais de aviso sobre a desarticulação existente entre os sistemas/tecnologias de informação e a estratégia das organizações:

- "Diferentes partes da nossa empresa dão diferentes respostas às mesmas questões dos clientes";
- "Cumprir um novo requisito regulatório ou legal representa um grande esforço, requerendo o envolvimento da gestão de topo e investimentos significativos";
- "O nosso negócio é pouco ágil. Qualquer nova iniciativa estratégica é como começar do zero";
- "Os sistemas/tecnologias da informação são constantemente um 'funil'";
- "Há na empresa diferentes processos de negócio que têm a mesma finalidade, cada um com um sistema diferente";
- "Uma parte significativa do trabalho das pessoas é retirar dados de um conjunto de sistemas, manipulá-los e reintroduzi--los noutros sistemas";
- "Os gestores seniores temem discutir temas de sistemas//tecnologias de informação";
- "Não sabemos de onde a nossa empresa retira valor dos sistemas/tecnologias de informação".

Como sugerem estes comentários, empresas sem sólidas fundações de sistemas/tecnologias de informação enfrentam sérias ameaças competitivas. Ao longo deste trabalho é feita uma reflexão sobre a realidade atual da função sistemas de informação nas empresas, com base na experiência dos autores através da intervenção direta em projetos de desenvolvimento de SI em dezenas de empresas portuguesas e multinacionais. São identificados alguns dos desafios e oportunidades que o uso de arquiteturas empresariais coloca às empresas.

2. PANORAMA ATUAL DOS SI/TI NAS GRANDES ORGANIZAÇÕES

Em grandes organizações os sistemas de informação não poucas vezes são caracterizados por um extenso parque aplicacional defeituosamente integrado ou mesmo desintegrado entre si, implementado recorrendo a diferentes tecnologias. Este cenário é o resultado de diversos fatores ocorridos ao longo do tempo: aquisição ou fusão de empresas; crescimento acelerado do negócio, conjugado com a satisfação imediata de algumas necessidades prementes e pontuais; departamentos organizacionais com autonomia suficiente para contratarem serviços e adquirirem soluções sem se informarem antecipadamente daquilo que já existe noutros departamentos ou sem se informarem se as suas necessidades são comuns às dos seus pares dentro da organização (situação típica em alguns setores da administração pública); aplicações desenvolvidas com base em versões de *software* já descontinuadas pelos fabricantes e cujo *upgrade* se revela demasiado oneroso face à análise custo/benefício.

As fundações para um bom desempenho de uma organização dependem de um estreito alinhamento entre os objetivos do negócio e as capacidades dos sistemas/ tecnologias de informação. Para alcançar este objetivo, grande parte das empresas usa uma lógica razoavelmente simples. Primeiro, a gestão define a direção da estratégia; depois, as unidades de SI/TI, idealmente em conjunto com os responsáveis do negócio, desenham um conjunto de soluções SI/TI para suportar a iniciativa; finalmente, as unidades SI/TI entregam as aplicações, dados e infraestruturas tecnológicas para implementar as soluções. O processo recomeça cada vez que a gestão define outra iniciativa estratégica.

Este processo apresenta pelo menos três inconvenientes. Primeiro, a estratégia muitas vezes não é suficientemente clara para ser devidamente operacionalizada. Generalidades como "a importância de criar sinergias" ou "estar mais próximo do cliente" são difíceis de implementar, levando a que as organizações criem soluções pontuais de SI/TI, em vez de desenvolverem verdadeiras capacidades de SI/TI.

Segundo, mesmo que a estratégia seja suficientemente clara, a empresa não a implementa como um conjunto integrado de soluções. Cada iniciativa estratégica resulta numa solução de SI/TI separada, implementada numa tecnologia diferente. Terceiro, como os SI/TI estão sempre a reagir à última iniciativa estratégica, são sempre um "funil", ou seja, os SI/TI nunca passam a ser um ativo verdadeiramente potenciador das futuras oportunidades estratégicas.

Como referem Ross, Weill e Robertson (2006), individualmente as *aplicações* funcionam bem. Juntas, comprometem os esforços da organização para coordenar os processos dos clientes, fornecedores e colaboradores.

Os *dados* da organização, um dos ativos mais importantes, estão frequentemente retalhados e dispersos por vários sistemas, sendo comum encontrar-se na organização o mesmo tipo de informação (por exemplo as moradas dos clientes) com formatos distintos em cada um dos sistemas. Quanto maior for a redundância dos dados, maior o risco de estes se encontrarem inconsistentes, o que pode resultar em problemas operacionais graves. Por outro lado, tal leva a que os processos de sincronização sejam mais complexos e mais pesados, podendo consumir recursos significativos sem no entanto conseguir garantir a correção dos dados em todos os instantes. Também é comum que as empresas extraiam dados dos silos, para agregarem informação de múltiplos sistemas num *data warehouse*. Porém, em muitos casos o *data warehouse* não oferece informação em tempo real.

É também comum nas grandes organizações encontrar-se uma panóplia muito grande de tecnologias. Sistemas operativos que vão desde o Microsoft Windows, algumas variedades de Unix, incluindo o Linux (Walt, 2006), até ao MVS dos Mainframes IBM. Bases de dados Microsoft SQL, Oracle, DB2. Linguagens de programação e plataformas de desenvolvimento tão variadas como Cobol, Java, C#, .Net, Silverlight, etc. Também as infraestruturas têm muitas configurações possíveis, desde os *data-centers*, bastidores, servidores, soluções de virtualização, capacidade de comunicação.

A *integração* é, pois, uma área muito sensível nas atuais arquiteturas de SI/TI das grandes organizações, pois é responsável por assegurar a comunicação interaplicacional. Também aqui é utilizada uma grande variedade de tecnologias e plataformas de integração, desde abordagens mais clássicas como Enterprise Application Integration (EAI), até às Enterprise Service Bus (ESB), que facilitam a implementação de arquiteturas orientadas para os serviços (SOA – Service Oriented Architecture).

3. O DESAFIO DA CRIAÇÃO DE UMA ARQUITETURA EMPRESARIAL

A teoria sobre estratégia propõe que o alinhamento entre o negócio e as SI/TI seja um processo cíclico e contínuo, catalisado pela identificação de indicadores chave de desempenho (KPI), modelação empresarial, definição de processos administrativos de governação, e outros mecanismos de execução. Uma Arquitetura Empresarial, surgindo como solução para vários dos problemas identificados na secção anterior, pode também ser um facilitador deste alinhamento e pode ser definida como "uma representação descritiva da disposição básica e interconexões de partes de uma organização, como sejam: dados, informação, sistemas, tecnologias, processos de negócio" (ISO 15704).

As Arquiteturas Empresariais podem potenciar o alinhamento entre negócio e SI/TI de várias e importantes formas (Gregor e Hart, 2007):

- Os negócios e Sistemas de Informação são desenhados em conjunto, integrados e visualizados debaixo de uma plataforma organizacional comum. A arquitetura desempenha um papel importante na comunicação, permitindo a todos os envolvidos verem como as várias partes da organização se interligam entre si;
- Os estados presentes e futuros do negócio e dos SI/TI são

definidos e descritos em detalhe. A análise de lacunas entre os estados *as-is* e o *to-be* fornece bases de trabalho para o planeamento estratégico, operacional e de recursos.

A Arquitetura Empresarial é, portanto, a organização lógica para os processos de negócio e os SI/TI, refletindo os requisitos de integração e padronização do modelo de operações da organização. Fornece uma visão a longo prazo dos processos, sistemas e tecnologias da empresa para que os projetos de SI/TI individuais possam construir capacidades, em vez de satisfazerem apenas necessidades imediatas. Em paralelo, a organização deve definir o seu modelo de operações, ou seja, definir a integração e uniformização mais eficiente dos processos de negócio que lhe permita entregar os bens ou os serviços aos seus clientes. Deverá ser também definido um modelo orientador de SI/TI que estabeleça mecanismos de governação que assegurem que os projetos SI/TI contribuem para os objetivos globais da empresa, e que haja a devida coordenação das decisões de SI/TI e de negócio efetuadas nos vários níveis da organização (empresa, unidade de negócio, projeto). O modelo orientador de SI/TI estabelece ligações entre decisões de topo, como a definição de prioridades de projetos e o desenho de processos da empresa, e decisões ao nível da implementação dos projetos individuais.

Podem ser identificadas quatro dimensões principais numa Arquitetura Empresarial (Pereira e Sousa, 2004):

1. Arquitetura do negócio (*business architecture*): retrata a dimensão do negócio – processos de negócio, estrutura de serviços, organização das atividades. É a base para identificar os requisitos de informação que suportam as atividades do negócio;
2. Arquitetura da informação (*information architecture*): captura a dimensão da informação – estrutura de alto nível da informação do negócio. É o resultado da modelação de informação que é necessária para suportar os processos de negócio e funções da empresa;

3. **Arquitetura das aplicações** (*application architecture*): fornece uma plataforma focada no desenvolvimento e implementação de aplicações para satisfazer os requisitos do negócio com a qualidade necessária;
4. **Arquitetura técnica** (*technical architecture*): fornece as fundações que suportam as aplicações, dados e processos de negócio identificados nos três níveis anteriores. Identifica e planeia a infraestrutura técnica da organização. A arquitetura de produtos (*product architecture*) identifica as configurações e os *standards* da indústria.

TABELA 1. Plataforma de gestão e planeamento de uma Arquitetura Empresarial

Níveis de decisão	Arquitetura de Negócio	Arquitetura da Informação	Arquitetura de Aplicações	Arquitetura Tecnológica
Nível Empresa	• Decisões de negócio e de gestão; • Missão; • Visão e Estratégia de negócio.	• Considerações de gestão estratégica de informação; • Cadeia de valor da informação.	• Estratégia do portefólio de aplicações.	• Estratégia do portefólio técnico; • Relação com fornecedores; • Políticas e orientações sobre a tecnologia empresarial.
Nível Domínio	• Produtos e serviços do domínio; • Processos de negócio para a sua produção.	• Gestão da informação do domínio.	• Mapa de interoperabilidade dos sistemas do domínio.	• Infraestruturas e plataformas tecnológicas; • Redes; • Comunicações.
Nível Sistemas	• Requisitos de negócio para os sistemas e gestão de dados.	• Arquitetura de dados; • Princípios orientadores para harmonização de dados. • Armazenamento de dados	• Arquitetura de sistemas; • Padrões de aplicações; • Princípios orientadores para desenvolvimento.	• Arquitetura técnica ao nível do sistema; • Orientações técnicas para implementação.

FONTE: Pulkkinen, 2006.

O desenho de uma Arquitetura Empresarial tem de considerar as quatro dimensões apresentadas na Tabela 1 para os vários níveis de decisão. O modelo, proposto por Pulkkinen (Pulkkinen, 2006), ilustra em cada célula exemplos dos principais *outputs* de cada nível de decisão, para cada uma das quatro dimensões de arquitetura consideradas. Este é um entre muitos outros modelos existentes para desenvolver e implementar uma Arquitetura Empresarial.

Neste modelo, a gestão de topo (nível *empresa*) toma as decisões estratégicas da empresa, planeia e guia a estrutura do negócio, isto é, define a arquitetura do negócio. Atualmente também se torna necessário tomar decisões sobre os investimentos tecnológicos e é preciso informação para suportar essas decisões. A informação apresentada tem de ser correta e agregada. É isto que justifica as quatro dimensões Arquiteturais e os diferentes níveis de decisão: questões tecnológicas e de sistemas de informação são apresentadas ao nível da empresa, onde se tomam as decisões de gestão e de estratégia, que dizem respeito a toda a organização. Esta é uma diferença para o *framework* de Zachman, que apresenta as questões tecnológicas apenas nos níveis de decisão mais baixos (Pulkkinen, 2006). Os *domínios* representam a materialização dos diferentes níveis da empresa, com o envolvimento dos gestores do negócio e das operações. Pode ser uma unidade de negócio, ou uma função, por exemplo, a contabilidade. A definição de domínio depende da organização: o seu tamanho, a forma como estão estruturadas as atividades, como os SI/TI suportam os processos. O nível de *sistemas* está relacionado com as decisões necessárias para criar e manter os SI/TI que suportam os processos da organização.

O modelo, sintetizado na Tabela 1, ilustra as dependências de cada dimensão da Arquitetura Empresarial e pode ser usado como ferramenta para coordenação dos esforços desenvolvidos por cada nível de decisão.

4. OPORTUNIDADES ORIGINADAS POR UMA ARQUITETURA EMPRESARIAL

Definitivamente, o desenvolvimento de uma Arquitetura Empresarial não é algo apenas do âmbito dos SI/TI, é do âmbito do próprio negócio. Porém, não basta às organizações decidirem usar estrategicamente os SI/TI, escrever um *"slogan* apelativo" e aguardar para colher os frutos. Em vez disso, as empresas têm que aprender como fazer dos SI/TI uma competência estratégica (Ross, 2004).

As empresas têm a oportunidade de evoluir ao longo do tempo, num processo de aprendizagem sobre o papel estratégico dos SI/TI. Esta evolução pode ser representada por quatro estáios de maturidade da Arquitetura Empresarial. Empresas que têm evoluído nestes estágios de maturidade reportam menores custos, menor tempo de desenvolvimento e maiores benefícios estratégicos dos SI/TI.

Os quatro estágios de maturidade propostos por Ross são (Ross, 2004):

1. Arquitetura de negócio em silos (*business silos*): as empresas focam os seus investimentos de SI/TI nas necessidades individuais das unidades de negócio, para resolver problemas ou dar resposta a oportunidades locais. Neste estádio, podem tirar partido de alguns serviços comuns como *data-centers*, mas ainda não estabeleceram um conjunto de tecnologias *standard*. As organizações que seguirem práticas que maximizem o valor deste tipo de arquiteturas, como seja desenhar bem os casos de negócio e adotar metodologias *standard* de gestão de projetos, estão mais bem preparadas para evoluir para o estádio seguinte;
2. Arquitetura tecnológica *standard* (*standardized technology*): as empresas transferem alguns dos seus investimentos SI/TI das aplicações locais para infraestruturas partilhadas. Neste estágio, estabelecem tecnologias *standard* para diminuir o número de plataformas que gerem, o que representa menos custos. Mas menos plataformas também significa menos

opções para soluções SI/TI. As empresas têm de assimilar gradualmente esta nova realidade. Cedo neste estádio, muitos gestores de unidades de negócio e analistas/programadores reclamarão que as necessidades do negócio deverão ser os condutores da tecnologia. A adoção inicial de *standards* tecnológicos, em muitos casos, representará a primeira vez que a gestão permite serem os SI/TI a moldarem as soluções para o negócio. Em breve os gestores do negócio verão que a uniformização de tecnologias reduz riscos, melhora os tempos de desenvolvimento, a segurança e a fiabilidade da informação, reduz os custos dos serviços partilhados (suporte, manutenção, aquisição);

3. Arquitetura principal otimizada (*optimized core*): as empresas passam de uma visão local dos dados e das aplicações, para uma visão empresarial. São eliminados dados redundantes, desenvolvem-se *interfaces* para os dados corporativos críticos e, se apropriado, uniformizam-se processos de negócio e aplicações. Neste estágio, os investimentos SI/TI das aplicações locais e infraestruturas comuns transferem-se para os sistemas empresariais e para a partilha de dados. O papel dos SI/TI neste estágio é contribuir para atingir os objetivos da empresa através da reutilização das plataformas, dos dados e dos processos de negócio;

4. Arquitetura de negócio modularizado (*business modularity*): esta arquitetura potencia a agilidade estratégica através da reutilização e customização de módulos, propiciando a utilização de Arquiteturas de sistemas de informação orientadas aos serviços (SOA – *service oriented architectures*). A modularidade não reduz a necessidade de uniformização. Neste estágio, para continuar a usufruir de todos os benefícios da Arquitetura *optimized core* – eficiência, uniformidade de interação com o cliente, integração de processos – a arquitetura modular expande a arquitetura *optimized core*, em vez de a substituir.

A evolução ao longo dos diferentes estádios de maturidade da Arquitetura Empresarial tem necessariamente de ser acompanhada pela adoção gradual de um conjunto de práticas de gestão para desenhar e consolidar a arquitetura na organização, assim como pela formalização de papéis e pela constituição de equipas ou estruturas organizacionais com as competências adequadas para o desempenho de funções que, muito provavelmente, não existiam até então na empresa.

As organizações que se encontrem no primeiro estágio de maturidade *business silos* deverão tratar cada iniciativa SI/TI como casos de negócio sólidos, assegurando a sua divulgação e compreensão por todos os intervenientes, e adotar uma metodologia formal de gestão de projetos, definindo um conjunto de métricas de acompanhamento.

No estádio *standardized technology* torna-se importante a presença de arquitetos nas equipas de projetos SI/TI, o acompanhamento regular das iniciativas de SI/TI pela gestão de topo (por exemplo, realização periódica de *steering committee*), a criação de processos formais para ratificação de exceções e conformidades arquiteturais e para renovações infraestruturais. Resultante da experiência dos autores, considera-se uma boa prática a existência de uma área de arquitetura de informação responsável por manter uma caracterização detalhada de todas as entidades informacionais da organização, assim como de toda a informação de referência.

A nomeação de responsáveis por cada um dos processos de negócio da organização e a existência de princípios orientadores de Arquitetura Empresarial são práticas que deverão existir no estádio de maturidade *optimized core*. Os processos de negócio devem estar modelados de forma a permitirem orientar a análise estratégica organizacional, analisar e melhorar os processos existentes, elaborar requisitos e especificações de sistemas de informação, ou suportar execuções (semi) automáticas (*workflows*). É também importante que as áreas de negócio integrem as equipas de gestão dos projetos e que a organização possua competências de gestão de programas de SI/TI, ou seja, capacidade de coordenar e orientar uma grande iniciativa constituída por múltiplos projetos relacionados.

No estádio de maturidade *business modularity* a organização já deverá possuir um diagrama consolidado da Arquitetura Empresarial e dispor de uma equipa dedicada a tempo inteiro a esta iniciativa. Deverá existir um processo de pesquisa e adoção de tecnologia e deverá ser efetuada a avaliação dos projetos após a sua implementação, retirando as lições apreendidas. Deverá ser assegurada a gestão do conhecimento e a divulgação interna das melhores práticas.

Estas práticas de gestão devem ser adquiridas ao longo do tempo. Se uma organização não adquire boas práticas nos estádios iniciais, reduz a probabilidade de ser capaz de gerar valor significativo das suas iniciativas de SI/TI nos estádios seguintes. As empresas que adotarem uma iniciativa de Arquitetura Empresarial devem planear e melhorar gradualmente as suas capacidades de gestão de SI/TI, a par do crescimento do valor que retiram dos seus SI/TI.

5. CONSIDERAÇÕES FINAIS

As empresas justificam habitualmente as iniciativas de Arquitetura Empresarial através da estimativa dos benefícios financeiros que serão obtidos. No entanto, muitos outros benefícios têm vindo a ser identificados: redução do tempo de desenvolvimento, redução dos riscos, aumento da disciplina do negócio. Por outro lado, os maiores benefícios que uma organização pode retirar de uma iniciativa deste tipo são estratégicos. Para isso, as organizações necessitam de manter uma vigilância permanente sobre todos os projetos em curso, tanto para os novos sistemas, como para as manutenções evolutivas dos sistemas existentes. O acompanhamento regular da iniciativa de Arquitetura Empresarial pela gestão sénior da organização, bem como a participação de arquitetos nos projetos em curso de forma a assegurarem o cumprimento das políticas e normas arquiteturais estabelecidas pela organização, é fundamental para o sucesso destas iniciativas e para que se consigam atingir em pleno os objetivos estratégicos.

Um estudo efetuado pelo MIT em 2004 (Ross, 2004b), identificou junto de grandes empresas algumas características que distinguem aquelas que conseguem tirar mais benefícios estratégicos das suas iniciativas de Arquiteturas Empresariais. Este estudo focou-se em quatro tipos de benefícios estratégicos: excelência operacional (baixos custos, eficiência, operações fiáveis e predizíveis), proximidade ao cliente (prestação de um serviço extraordinário ao cliente, capacidade de resposta e de relacionamento, conhecimento profundo do cliente), inovação de produtos e serviços (antecipação do mercado, rapidez de investigação, desenvolvimento e comercialização de novos produtos), agilidade estratégica (rápida resposta às iniciativas da concorrência e a novas oportunidades do mercado).

As empresas que envolvem os seus gestores séniores na definição dos requisitos e acompanhamento das iniciativas de Arquitetura Empresarial e que incorporam a arquitetura na sua metodologia de gestão de projetos são aquelas que normalmente retiram mais benefícios e que se encontram num nível de maturidade mais avançado.

As iniciativas de Arquitetura Empresarial são jornadas duras e longas, que as empresas devem empreender quando conseguirem vislumbrar como a Arquitetura Empresarial vai contribuir para mudar e melhorar o modelo operacional da organização. Para justificar os recursos envolvidos no desenho e implementação de uma Arquitetura Empresarial, as organizações necessitam de assegurar que vão gerar benefícios estratégicos suficientemente motivadores e percetíveis por toda a empresa, para que possam contribuir para a sustentação e crescimento da iniciativa na empresa.

REFERÊNCIAS

Gregor, S., Hart, D. (2007), *Enterprise architectures: enablers of business strategy and IS/IT alignment in government*, School of Accounting and Business Information Systems, Australian National University.

Pereira, C., Sousa, P. (2004), *A method to define a Enterprise Architecture using the Zachman Framework*, Instituto Superior Técnico, Castelo Branco.

PULKKINEN, M. (2006), *Systemic management of architectural decisions in Enterprise Architecture Planning. Four Dimensions and three abstraction levels*, Information Technology Research Institute, University of Jyvaskyla.

ROSS, J. (2004), *Maturity Matters: How firms generate value from enterprise architecture*. MIT Center for Information Systems Research, Cambridge.

ROSS, J. (2004b), *Generating strategic benefits from enterprise architecture*, MIT Center for Information Systems Research, Cambridge.

ROSS, J., Weill, P., Robertson, D. (2006), *Architecture as Strategy, Creating a Foundation for Execution*, Harvard Business School Press.

WALT, P.W. (2006), *Developing a scaleable information architecture for an enterprise-wide consolidated information management platform*, Centre for Information and Knowledge Management, University of Johannesburg, South Africa.

Engenharia Social
(ou o carneiro que afinal era um lobo)

RICARDO PAIS, FERNANDO MOREIRA E JOÃO VARAJÃO

RESUMO

Todos os anos perdem-se milhares de milhões de euros devido a atos de espionagem industrial, muitas vezes sem que as organizações lesadas sequer se apercebam. As organizações devem estar alerta para esta ameaça algo silenciosa que, na quase totalidade dos casos, parte de dentro de si próprias, sob a forma de Engenharia Social. Neste capítulo exploram-se os conceitos de Engenharia Social, as suas manifestações mais populares e as formas de deteção, prevenção e combate. A importância do tema para as organizações e para a economia em geral fazem surgir a necessidade de uma sensibilização em torno destas ocorrências e para a definição de uma política de segurança clara e comum a toda a organização. A atual falta de formação e até mesmo ingenuidade dos colaboradores das organizações perante este tema proporciona um campo fértil para a proliferação de atividades da Engenharia Social.

1. INTRODUÇÃO

Num passado recente, os ataques a computadores e a outros dispositivos informáticos de rede caracterizavam-se pela sua grande escala, pois tipicamente tinham como finalidade atingir o maior número de sistemas possível e causar o máximo de dano, tanto no *software* como no *hardware*. Estes ataques não eram, no entanto, movidos por qualquer objetivo específico. Com a evolução do comércio eletrónico e da própria *World Wide Web*, tem-se observado uma alteração de paradigma, dado que os ataques se estão a tornar, por um lado, mais complexos e, por outro, mais direcionados.

É neste contexto que surge a Engenharia Social. Trata-se de uma forma ilegítima de obtenção de informação sensível de um indivíduo ou de um colaborador de uma organização.

Normalmente o atacante (*hacker*, *cracker* ou simplesmente denominado por engenheiro social) faz-se passar por uma pessoa com algum tipo de autoridade para requisitar essa informação confidencial, tendo como objetivo final aceder a sistemas (por exemplo, bases de dados).

De acordo com Kevin Mitnick, famoso *hacker* atualmente reformado e consultor de segurança, "A Engenharia Social é o uso da manipulação, engano e influência sobre um indivíduo pertencente a uma organização, para que este adira a um determinado pedido. Esse pedido poderá consistir na divulgação de determinada informação ou o desempenho de determinada tarefa que beneficia o atacante. Poderá ser tão simples quanto falar ao telefone, até algo tão complexo como fazer com que o alvo visite um determinado *website* que explore uma falha técnica e permita ao *hacker* tomar conta do computador" (Mitnick, 2002).

Um engenheiro social basicamente recorre ao telefone ou à internet para enganar, levando as pessoas a ceder informação confidencial ou a quebrar ou tornear as regras de segurança instituídas.

Ao recorrer a estas técnicas, os engenheiros sociais aproveitam-se da tendência humana para confiar nos outros, levando a que o princípio básico utilizado pela Engenharia Social seja o de que os humanos são o elo mais fraco dos mecanismos de segurança.

A Engenharia Social é bem retratada por Hollywood nos seus filmes:

- *Guerra das Estrelas*: R2-D2 acede ao computador central da Estrela da Morte, conseguindo autenticar-se no sistema e desligar o contentor de lixo, salvando assim a vida a Leia, Hans Solo e Chewbacca, que lá estavam presos;
- *Independence Day*: Recorrendo a uma nave extraterrestre antiga como disfarce, o Capitão Steven Hiller (Will Smith) e David Levinson (Jeff Goldblum) conseguem infiltrar-se na nave-mãe extraterrestre e fazer o *upload* de um vírus que corrompe os seus sistemas, permitindo desativar as suas proteções e possibilitando um contra-ataque terrestre bem-sucedido.

O capítulo está organizado da seguinte forma: na secção 2 é realizado um breve enquadramento conceptual sobre Engenharia Social e sobre os fatores que normalmente proporcionam um terreno fértil a ataques por parte de engenheiros sociais; na secção 3 abordam-se diversas manifestações da Engenharia Social; a secção 4 é dedicada a defesas contra a Engenharia Social; na última secção são indicadas algumas considerações finais.

2. A ENGENHARIA SOCIAL

Hoje, mais do que nunca, as ameaças de segurança são da maior importância para as organizações, independentemente do seu setor de atividade ou do mercado de atuação. Tal leva as organizações a empenhar-se cada vez mais na segurança dos seus sistemas, investindo na criação de melhores e mais sofisticadas defesas. Estas medidas permitem à atividade económica tornar-se mais eficaz no bloqueio de ameaças do exterior e dificultam o acesso indevido aos sistemas. A maioria das ameaças externas de segurança está bem identificada, existindo um conjunto diversificado de técnicas e ferramentas para proteger os sistemas (por exemplo, *firewalls*, antivírus, dispositivos de controle de acesso biométrico, etc.).

No entanto, a opção de promover um controlo apertado sobre as ameaças externas deixou as organizações à mercê de um novo conjunto de riscos que não provém do exterior, mas sim do próprio interior. No *Global Security Index Report* (IBM, 2005), a IBM identifica uma tendência crescente para ataques pequenos e mais específicos em detrimento de ataques em massa tais como vírus e SPAM (mensagens de correio eletrónico não solicitado enviadas em massa). Em 2006, no relatório *Stopping Insider Attacks* (IBM, 2006), a IBM sugere que a prioridade dada aos ataques externos em detrimento dos ataques internos está errada e que esse facto está a permitir aos *hackers* explorar as fragilidades na estratégia de segurança das organizações. A Engenharia Social, pela sua simplicidade e engenho, é a forma mais fácil e eficaz de tornear os obstáculos que os sistemas de segurança impõem. Por exemplo, as vulnerabilidades na *web* e os *trojans* estão atualmente em destaque. Este facto é particularmente interessante, pois estes dois tipos de ameaça estão diretamente dependentes da *colaboração* dos utilizadores dado que a hipótese de sucesso está inteiramente dependente da capacidade do utilizador em conseguir identificar a ameaça. Por outro lado, práticas inseguras e roubo ou perda de computadores ou de outro suporte de armazenamento de memória têm pesado significativamente no total de incidências.

Mesmo assim, atualmente, uma parte significativa da pesquisa nesta área é feita dentro da área *técnica* da segurança de sistemas, quer ao nível da segurança de redes (*firewalls*, sistemas de deteção de intrusão, métodos de encriptação de *wireless*), como ao nível de *software* (*buffer overflows*, vírus ou *malware*). A parte social da segurança dos sistemas de informação tem sido deixada para trás, como se esta não fosse essencial para o processo de proteção dos sistemas de informação. Este facto pode ser constatado quando se observa que, numa grande parte dos ataques mais recentes a organizações, o alvo têm sido os colaboradores.

As ameaças tradicionais têm como objetivo atingir as vulnerabilidades dos dispositivos de rede existentes na organização e que têm acesso ao exterior. Na maioria dos casos, essas vulnerabilidades deixam de ter razão de ser a partir do momento em que os dispositivos se encontram devidamente configurados e atualizados. Como exemplos, podemos referir acessos indevidos e não autorizados a redes e o *Denial of Service*. Este último tem como objetivo sobrecarregar os dispositivos de rede ou os servidores com pedidos de serviço. Já o acesso não autorizado a redes tem por objetivo quebrar a proteção externa dos dispositivos para, de uma forma não autorizada, aceder à rede da organização.

Ambos os casos têm em comum o facto de o alvo não serem os utilizadores mas sim a organização a que pertencem. Este não é o caso das novas ameaças trazidas pela Engenharia Social ou os ataques sócio-tecnológicos. Estes baseiam a sua atuação principalmente na ignorância dos utilizadores acerca das políticas de segurança em geral e do real impacto dos danos que os seus comportamentos poderão causar.

Quando falamos em Engenharia Social, para que um ataque tenha sucesso são mais as habilidades psicológicas requeridas por parte do *atacante* que ganham destaque do que propriamente as tecnológicas. Na generalidade, pode-se observar um conjunto de características que intrinsecamente influenciam a predisposição do indivíduo para ser alvo de práticas de Engenharia Social (Mitnick e Wozniak, 2002):

- Poder e autoridade – Na maioria das situações, a autoridade não é objetiva mas sim uma questão de atitude. Os indivíduos dificilmente questionam a autoridade de outros que pretensamente se fazem passar por seus superiores. Desta forma é fácil para um engenheiro social contornar as regras simplesmente agindo como se de uma figura da autoridade se tratasse;
- Tendência natural para agradar e ser útil – Face a uma pretensa figura de autoridade, a reação mais usual é a de tentar ser afável, na expectativa de mais tarde ser recompensado e elo-

giado junto dos seus superiores como um indivíduo proativo e solícito. Ao deparar-se com uma pretensa figura de autoridade, que se apresenta como uma possibilidade para o indivíduo brilhar, este irá criar todas as condições para possibilitar ao engenheiro social a eliminação das barreiras que se apresentam, permitindo o acesso deste à informação que pretende;

- Ligação e similaridade – Colocar-se na posição do outro permite criar um ambiente de empatia que é favorável à troca de informação. A estranheza pode apresentar-se como uma barreira ao objetivo do engenheiro social, daí que seja de todo o interesse encontrar pontos de contacto com o seu interlocutor. Muitas das vezes interesses, *hobbies*, gostos em comum ou pura e simplesmente o acesso ao nome do interlocutor são o suficiente para o atacante estabelecer uma ligação com este e, assim, ver o seu objetivo concretizado;
- Reciprocidade – *Fico-te a dever um favor* – A busca de benefícios futuros com base no favor prestado poderá revelar-se uma ferramenta muito útil ao engenheiro social. Para que isto aconteça, basta que este demonstre que tem potencial para criar vantagens ao interlocutor;
- Envolvimento e consistência – Na maioria das vezes, um ataque é planeado com paciência e premeditação, de modo que o engenheiro social procurará ambientar-se com o quotidiano tanto da organização como dos interlocutores que pretende abordar. Será assim de todo o interesse entrar na rotina das vítimas selecionadas e, pouco a pouco, tornar-se invisível à organização, ganhando assim a capacidade de poder deslocar-se dentro da mesma, de uma forma livre, sem levantar suspeitas. Isto poderá ser possível através do acesso a posições de pouco destaque e projeção, tais como pessoal de limpeza, serviço de cafetaria, serviço de cópias, serviços de entregas, segurança, entre outros;
- Baixo envolvimento – É uma atitude típica da maioria dos colaboradores dos níveis inferiores da organização e é um

campo favorável para o engenheiro social. É um ato de afastamento e desresponsabilização pessoal em relação às consequências e danos que poderão advir de determinadas ações executadas por ele próprio. Aqui o objetivo é relativizar o acontecimento, procurando levar a que o interlocutor não veja a ação como uma ameaça à organização ou ao indivíduo-alvo, mas como uma ação de pouca relevância.

Em suma, o engenheiro social faz bem o seu trabalho quando a informação é extraída sem que seja levantada qualquer suspeita.

Para além dos fatores psicológicos, de acordo com Miguel Tames Arenas (2008) existe um histórico comportamental na relação entre os utilizadores e os sistemas de informação que é propício à atuação dos engenheiros sociais. De facto, muitos dos riscos de segurança devem-se aos utilizadores, em especial à sua ingenuidade e não observância dos princípios básicos das políticas de segurança de sistemas de informação. De forma sucinta (Arenas, 2008):

- Na generalidade dos casos, o conceito de *spyware* é bem conhecido, embora não seja bem apreendido o conceito de *phishing*;
- Os utilizadores que estão a par das políticas de segurança fazem uma melhor gestão das suas *passwords*;
- Normalmente, os utilizadores não se recordam do conteúdo dos *Acordos de Utilização dos Computadores* (quando existem);
- Existe um desprezo generalizado em relação aos Acordos de Utilização de Software quando se trata da instalação do mesmo tanto a nível doméstico como profissional;
- A maioria dos utilizadores não se importa de ceder informação sensível acerca das suas *passwords* desde que a questão seja abordada de uma forma correta.

3. MANIFESTAÇÕES DA ENGENHARIA SOCIAL

Como já foi referido, a maior fonte de risco para a segurança reside cada vez mais nos indivíduos de uma organização visada do que propriamente em ameaças externas. Isto deve-se, principalmente, ao facto de muitas vezes serem os únicos elementos da cadeia de segurança com capacidade para quebrar as regras. As pessoas podem ser coagidas, enganadas, manipuladas ou forçadas a violar algum aspeto das políticas de segurança de forma a conceder acesso de algo a alguém de forma indevida.

A maioria das soluções de segurança compreende apenas dispositivos tecnológicos para o combate às ameaças, existindo uma lacuna nesta área que necessita de uma abordagem diferente, assente principalmente no treino e formação dos colaboradores e na definição clara de uma política de segurança a cumprir.

A proteção contra a Engenharia Social baseia-se, assim, principalmente na formação. Treinar os colaboradores a identificar ataques e a reportar interações estranhas pode revelar-se uma defesa eficaz; para isso é necessário que toda a organização esteja desperta para uma realidade de que todos poderão ser alvo. De facto, quanto mais o indivíduo acreditar que a sua posição é irrelevante para a companhia, não se considerando um alvo, maior será a probabilidade de ser visado (Mitnick e Wozniak, 2002):

Importa definir de que formas se poderá revestir um ataque/ameaça (Thapar, 2007):

- *Spyware* – são aplicações informáticas que recolhem informação acerca do comportamento do utilizador. Pode ser instalado num computador de diferentes formas:
  - *Trojans* – são instalados sem o consentimento dos utilizadores quando este visita *websites* que contêm determinados controlos *ActiveX* ou linhas de código malicioso que explora vulnerabilidades do *browser*;
  - *Shareware* e *freeware* em que o *spyware* está incluído na aplicação de instalação do *software*.

Na generalidade, o *spyware* pode ser instalado com ou sem o conhecimento e consentimento do utilizador, poderá ou não disponibilizar informação sobre o tipo de informação que recolhe, bem como a finalidade da recolha dessa informação. Na generalidade dos casos, o tipo de informação recolhida prende-se com as moradas dos *websites* mais visitados, os motores de busca utilizados, a versão do sistema operativo, a listagem de aplicações de *software* utilizadas e o correio eletrónico. Depois da informação recolhida ser processada, é enviada a companhias terceiras que utilizam as contas de correio eletrónico e os padrões de comportamento para publicitar produtos ou para enviar correio eletrónico com conteúdo malicioso, tentando direcionar os utilizadores para *websites* falsos ou requerer a disponibilização de informação sensível (normalmente bancária);

- **Phishing** – Pode ser descrito como a tentativa de aceder, de forma fraudulenta, a informação financeira ou pessoal. Normalmente, este tipo de ataques é iniciado por correio eletrónico, chamadas telefónicas ou mensagens instantâneas, fazendo-se o atacante passar por um colaborador legítimo ou uma pessoa/instituição credível. Existe uma diferença muito ténue entre as técnicas de *phishing* e de Engenharia Social. Na maioria das vezes as duas definições cruzam-se. Se, por um lado, o *phishing* tem um âmbito muito mais alargado, por outro lado, recorre na maioria dos casos a técnicas de Engenharia Social para atingir os seus objetivos;
- **Spear phishing** – É uma técnica relativamente nova que não recorre a ataques maciços como o *phishing*, mas sim a ataques focados. O objetivo é fazer com que o utilizador acredite que a fonte do correio eletrónico é alguém de confiança de dentro da mesma organização ou com algum tipo de autoridade. Por outro lado, enquanto o objetivo do *phishing* é roubar informação do indivíduo, o *spear phishing* procura o acesso ao sistema de informação ao qual o utilizador está ligado. Este foco tão específico torna o *spear phishing* muito mais perigoso

do que o *phishing* comum, logo sendo provavelmente mais utilizado para ataques visando obter ganhos económicos, segredos ou informação militar;
- **Spy-phishing** – É um ataque que consiste no envio de um correio eletrónico ou de um *link* do atacante para o alvo. Este contém um código (*software*) que, quando executado, se instala e fica a monitorizar o tráfego de dados até que o utilizador-alvo visita um *website* específico. Quando o utilizador chega a esse destino, o *software* torna-se ativo, rouba a informação de *log in* ou outra informação sensível e envia-a para o atacante;
- **Footprinting** – Trata-se basicamente do ato de recolher informação. É normalmente efetuado para investigar um alvo pré-determinado e explorar as melhores oportunidades para o abordar. O *footprinting* pode incluir desde chamadas telefónicas simulando uma personagem fictícia que coloca questões aparentemente inocentes até à análise detalhada da planta de um edifício ou de *data centers*;
- **Engenharia Social por telefone** – Apesar da proliferação da *web*, o meio mais comum para ataques de Engenharia Social continua ainda a ser o telefone, uma vez ser o meio de comunicação impessoal que permite uma maior interação social. Por exemplo, pode ser efetuada uma chamada imitando alguém com autoridade reconhecida dentro da instituição e gradualmente vai-se retirando informação do colaborador. Os alvos preferenciais para este tipo de ataques são os serviços de apoio ao cliente;
- **Dumpster diving** – Também apelidado de *trashing*, o *dumpster diving* é outro método popular de Engenharia Social. Uma quantidade enorme de informação pode ser recolhida através da análise do lixo da empresa, podendo representar fugas de segurança. Como exemplos temos listas telefónicas da empresa, organigramas, manuais de procedimentos, calendários com anotações de reuniões, eventos e férias, manuais de sistemas, impressões de informação sensível (por exemplo, dados de

log in e *passwords*), disquetes, cassetes, papel timbrado, formulários de memorandos ou *hardware* ultrapassado, entre outros;
- **Engenharia Social Inversa** – Trata-se de um método avançado de aceder a informação ilicitamente. Acontece quando o engenheiro social cria uma *persona* que parece desempenhar um papel de relevo na organização. Os colaboradores pedem a esta *persona* informação (ao invés de lhe ceder). Quando esta técnica é bem explorada, planeada e executada permite ao engenheiro social obter mais facilmente informação valiosa dos colaboradores. Um processo de Engenharia Social Inversa passa por três fases: a sabotagem, o anúncio e a assistência. Por exemplo, o engenheiro social sabota a rede criando problemas de acesso; anuncia que ele é a pessoa indicada para resolver esta falha, sendo para tal necessário requer determinado acesso a informação sensível conseguindo o que pretendia inicialmente. Desta forma os colaboradores nunca pensarão que se trata de uma quebra de segurança devido a um ataque, pois o seu problema é resolvido e todos voltam à sua rotina.

É curioso notar que na *Wikipedia*([1]) se encontra, para além do famoso *hacker* Kevin Mitnick, a história recente que recorda outros grandes engenheiros sociais tais como os irmãos Badir (Ramy, Muzher e Shadde), cegos à nascença, que desenvolveram uma fraude telefónica e informática em Israel. Nos anos 90 eles recorreram à Engenharia Social através de dissimulação vocal e computadores com interface Braille. Outras referências são Frank Abagnale, Dave Buchwald, David Bannon, Peter Foster, Stanley Mark Rifkin e Steven Jay Russell.

Em suma, é necessário efetuar uma reflexão profunda acerca da própria cultura organizacional procurando fundamentalmente responder às seguintes questões:

([1]) http://en.wikipedia.org/wiki/Social_engineering_(security)

- Qual a importância da formação na prevenção das violações das regras de segurança?
- Como evitar ataques de Engenharia Social e ameaças internas?
- Como é que o ambiente organizacional afeta a forma como os utilizadores reagem a estas ameaças?

Na secção seguinte abordam-se algumas respostas para estas questões.

4. DEFESAS CONTRA A ENGENHARIA SOCIAL

Qual a importância da formação na prevenção das violações das regras de segurança?

A maioria das vulnerabilidades que criam oportunidades para ataques por parte dos engenheiros sociais pode ser facilmente ultrapassada proporcionando aos utilizadores formação adequada no que respeita ao tratamento de informação empresarial (e mesmo pessoal), de forma a criar políticas de segurança internas para a gestão dos ativos empresariais (e pessoais). A ideia é que os utilizadores tenham a noção das técnicas usadas pelos atacantes e, mais importante ainda, desenvolver neles a perceção de que a segurança da informação é parte integrante do seu papel na organização. Por outro lado, é fundamental que tenham consciência que este mal existe, e mesmo se a organização não estiver ligada a nenhum sector de atividade sensível ou vulnerável, ela poderá mesmo assim ser alvo de ataques. Os colaboradores têm de ser formados sobre qual a informação que precisa de ser salvaguardada e como essa salvaguarda deve ser feita. A partir do momento em que houver essa interiorização, estarão numa posição muito melhor para reconhecer este tipo de ataques.

Como evitar ataques de Engenharia Social e ameaças internas?

A melhor forma que as organizações têm para proteger a sua privacidade contra os ataques dos engenheiros sociais é formar as suas equipas sobre o uso adequado das políticas de segurança. Esta formação tem como principais objetivos:

- Criar uma *firewall* humana – as quebras de segurança por parte dos colaboradores está-se a tornar no maior risco de segurança do século XXI. No entanto, a maioria das organizações ignora a sua maior fonte de exposição – a componente humana;
- Defender o lado humano da segurança – necessidade de se estabelecer uma cultura de segurança na organização;
- Realizar auditorias de vulnerabilidade a ataques de Engenharia Social – no sentido de perceber o nível de fragilidade da companhia, através da análise:
    - Da informação da organização que está abertamente disponível,
    - Das políticas e procedimentos de segurança estabelecidos,
    - Do tráfego telefónico,
    - Do tráfego de correio eletrónico e das pesquisas na Internet,
    - Do comportamento dos colaboradores,
    - Do nível geral de segurança das instalações;
- Desenvolver procedimentos de resposta a crises – quando existe quebra de segurança, é importante que a resposta da organização seja rápida e eficaz de forma a:
    - Perceber exatamente como é que a quebra de segurança ocorreu,
    - Determinar o impacto que terá,
    - Prever os próximos passos que o engenheiro social dará,
    - Promover a consciencialização dos colaboradores sobre como dar resposta à quebra corrente e a futuros ataques por parte do engenheiro social;
- Detetar a intrusão por parte de engenheiros sociais – através da implantação de sistemas de monitorização de várias fontes de risco potencial (correio eletrónico, telefone, mensagens ins-

tantâneas, *world wide web*, *wireless*, e infraestruturas) que permitam o *drill-down* de uma visão geral até um incidente isolado.

Para além da parte formativa, é necessário definir, com clareza, uma política de segurança na empresa. Uma política é definida como um conjunto de regras e regulamentos definidos pela organização em consonância com a lei geral, regulação sectorial e decisões dos administradores da empresa. As políticas poderão variar de empresa para empresa, mas na generalidade incluem linhas orientadoras, objetivos, comportamentos e responsabilidade dos utilizadores. Na maior parte dos casos, as políticas são seguidas por instruções e procedimentos. A importância das políticas de segurança reside no facto de a maior parte das organizações tentar assegurar as suas operações instalando tantos dispositivos de segurança quanto possível (criando uma falsa sensação de segurança), enquanto as políticas e procedimentos que esses dispositivos necessitam para ser implementados com sucesso ficam por aplicar. De acordo com Chad Perrin([2]), um passo importante para que uma política de segurança tenha sucesso é que ela seja desenvolvida juntamente com os utilizadores e não contra eles.

Como é que o ambiente organizacional afeta a forma como os utilizadores reagem a estas ameaças?

Na maioria dos casos, quando os utilizadores não seguem as políticas, não é porque não quererem seguir as regras, mas sim porque, no desejo de melhor executar a sua função, consideram que estas regras e procedimentos atrasam o seu desempenho e representam uma barreira à execução da mesma, em vez de as considerarem ferramentas úteis para o cumprimento dos seus objetivos diários. A solução é simples: não ignorar as necessidades dos utilizadores

---

([2]) Chad Perrin, "Work with End Users, not against them, to improve security": < http://blogs.techrepublic.com.com/security/wptrackback.php?p=290 >.

finais aquando do desenho e implementação de uma política de segurança. Quando os departamentos de sistemas de informação se recusam a dar soluções para os problemas dos utilizadores, estes têm de procurar soluções noutras fontes, e é desta forma que a maioria das regras de segurança se quebra.

Apesar da enorme ameaça que a Engenharia Social coloca, pouco tem sido feito para lhe ser atribuída a devida importância. A principal razão para a falta de discussão acerca do tema está intrinsecamente ligada com a vergonha, uma vez que a maior parte das vítimas vê a Engenharia Social como um ataque à sua inteligência e capacidade (ninguém quer ser considerado ingénuo ou ignorante por ter sido enganado). É por esta razão que a Engenharia Social continua escondida na gaveta como um assunto tabu, embora qualquer pessoa seja passível de ser atingida por um ataque.

Encontrar exemplos destes ataques é difícil. As organizações visadas ou não querem admitir que foram vítimas de um ataque (pois ao admitir uma quebra de segurança, para além de embaraçoso, é danoso para a sua imagem e reputação) ou o ataque não foi bem documentado e ninguém sabe ao certo se foram mesmo sujeitos a um ataque.

Cabe, assim, à comunidade académica e profissional o desenvolvimento de mais investigação nesta área, de forma a dar mais exposição ao tema. Parte da investigação também tem de ser direcionada para perceber quais as motivações que estão por detrás da atuação dos engenheiros sociais. É importante entrar na mente do engenheiro social e saber se a sua motivação é originada pelo desafio intelectual, pela necessidade de afirmação político-social, para obter acesso a informação sensível, simples curiosidade, ou qualquer outro motivo.

5. CONCLUSÃO

No quotidiano das sociedades modernas as questões da segurança tornaram-se um imperativo. Contudo, muitas organizações esquecem-se dessa questão que são muitas vezes os seus próprios recursos humanos o centro da maior parte das quebras de segurança. Neles a Engenharia Social encontra um terreno amplo para proliferar, recorrendo a técnicas mais ou menos complexas que têm na maioria dos casos uma intenção maliciosa promovida pelo valor que essa informação poderá ter no mercado.

É por isso necessário implementar práticas de segurança eficazes que permitam lidar com este problema. De notar que não se defende a criação de um *sistema policial* ao qual a liberdade e privacidade de cada indivíduo estejam subjugadas, mas sim um conjunto de procedimentos que orientem a relação do indivíduo com a informação, para que esta seja utilizada de forma consciente e responsável. Não podemos também esquecer que o fator humano é essencial para os sistemas de informação, pois sem ele desaparece o bom senso e o juízo crítico, que são fatores essenciais para a tomada de decisão. Isto também implica que a ameaça é universal, qualquer que seja o *hardware* ou *software* utilizado. A solução passa por mais investigação sobre o tema, uma subsequente e progressiva consciencialização para a ameaça que representa, com o intuito que todos tenham um papel ativo na implementação de políticas de segurança. Esta tomada de consciência pode ser alcançada através de programas de formação contínua, que procurem promover um maior conhecimento por parte do indivíduo acerca das técnicas utilizadas, medidas a adotar e precauções a tomar, mas sem sobrecarregar as suas tarefas diárias. São muitas as técnicas utilizadas, desde o *spyware*, passando pelo *footprinting*, até ao *dumpster diving*, mas a mais eficaz é, sem dúvida, o aproveitamento da ingenuidade que caracteriza o ser humano e que é alimentado pela ignorância. Esta representa atualmente o maior desafio para os sistemas de segurança e ao mesmo tempo a maior oportunidade contra a Engenharia Social.

REFERÊNCIAS

ARENAS, M. (2008), *Master Thesis on 'Social Engineering and Internal Threats in Organizations'*, Blekinge Institute of Technology, Suécia.

BARMAN S. (2001), Writing Information Security Policies, New Riders < http://en.wikipedia.org/wiki/Social_engineering_(security) >, consultado em 6 de Julho 2009.

DHAMIJA R., TYGAR J., HEARST M. (2006), Whitepaper on *Why Phishing Works*, Harvard University, University of California.

GRANGER, S., (2006), *Social engineering reloaded*, Security Focus.

HAMLEN K., MOHAN V., MOHAMMAD M., KHAN L., THURAISINGHAM B. (2009), Whitepaper on *Exploiting an Antivirus Interface*, University of Texas.

JONES C. (2004), *Social Engineering: Understanding and Auditing*, GSEC, SANS Institute.

MITNICK, K., SIMON, W., WOZNIAK, S. (2002), *The Art of Deception*, John Wiley & Sons.

OLZAK T. (2008), relatório sobre *A Practical Approach to Managing Information System Risk*.

QIN, T., BURGOON, J. (2007), relatório sobre *An investigation of heuristics of human judgment in detecting deception and potential implications in countering Social engineering*, University of Arizona, Tucson.

THAPAR A. (2007), relatório sobre *Social Engineering – An attack vector most intricate to tackle!*, < www.infosecwriters.com >.

Sistemas de informação e a tomada de decisões: estudos de caso sobre a inteligência de mercado e a gestão de marketing

GEORGE JAMIL

RESUMO

O ambiente competitivo tem pressionado empresas para decisões rápidas, que são geralmente avaliadas contando apenas com as informações disponíveis no momento. Tal fato ocorre mesmo com a existência de recursos de tecnologia que, em geral, são adquiridos ou implantados de forma reativa, apenas respondendo a eventos de mercado ou necessidades emergentes, sem planejamento integrado, resultando em plataforma fragmentada, dissociada e por vezes incompatível. O problema evidencia-se de maneira significativa quando há a necessidade de se tomar uma decisão abrangente que considere várias visões, cenários ou fontes internas e externas de informação, exemplificadas pelo planejamento estratégico ou de marketing.

O presente capítulo discutirá este cenário, apontando o processo de inteligência de mercado como uma organização da coleta, validação, armazenamento e disseminação de informações e de geração de conhecimento. Será dado foco em especial a estudos de caso de decisões ligadas ao planejamento de marketing, como fatos típicos onde a agregação de vários acervos se faz necessária para o delineamento preciso de planos, seu desenvolvimento e execução bem sucedida. O capítulo tem como objetivo promover a compreensão dos conceitos, discutidos com base no referencial de literatura e sua aplicação no estudo dos casos de decisões de marketing e de como a inteligência de mercado emerge apoiada pelos sistemas de informação organizacionais integrados, transformando-se em processo de gestão compatível com as modernas demandas competitivas.

INTRODUÇÃO

Os modernos cenários competitivos globalizados e interconectados provocam as organizações em geral a tomarem decisões críticas frequentemente, em todos os níveis de ação. No nível operacional podem-se citar exemplos como ampliar desempenhos na produção e entrega de bens à rede de valor agregado, direcionar a distribuição para um centro de consumo específico em função de uma demanda súbita ou ainda eliminar um turno operacional de vendas em virtude de queda do número de clientes. No nível tático têm-se como exemplos as decisões ligadas à gestão de equipes próprias e de terceiros, a flexibilização, ao delegar a produção colaborativa a outras empresas, inclusive antigos concorrentes, e a necessidade de comunicação entre elos da cadeia produtiva quando da execução de projetos complexos, como a montagem de uma rede logística internacional com vários modais de execução. E, de forma decorrente, encontram-se no nível estratégico as decisões que podem implicar o sucesso ou fracasso imediato de um empreendimento, como as de abandonar um determinado segmento de mercado, optar pela fusão com um competidor ou mesmo vender ou adquirir a operação em um país distante da sede empresarial (Venkatraman e Henderson, 1993).

As tomadas de decisão, como as que são discutidas acima, não prescindem de informações para sua correta elucidação, bem como para que sejam planejadas e monitoradas as ações que executarão o que foi decidido (Choo, 2005). Frequentemente, as organizações, em especial as empresariais, reagem a estes eventos de mercado com apoio de recursos de tecnologia da informação (Kotler e Keller, 2006, Davenport e Prusak, 2000; Tallman *et al.*, 2004; Turban *et al.*, 2010). A facilidade crescente na implantação destes serviços, dada à multiplicidade de ferramentas, dispositivos e técnicas associadas, permite que rapidamente sejam colocados em funcionamento sistemas de tipos e arquiteturas diversas, como as transações *web* (baseados na internet), ou os aplicativos que usem plataformas móveis, via *smartphones, tablets* ou computadores portáteis. Tais reações, rápidas e objetivas em termos de solução pontual de problemas decisórios, muitas vezes não resultam em base tecnológica integrada, produzindo soluções restritas, fragmentadas, que potencializam até mesmo a desagregação da informação (Davenport e Prusak, 2000, Wood e Caldas, 2001; Lucas Jr., 2005; Jamil, Balloni e Carvalho, 2011).

Tal fato evidencia-se sobremaneira quando há de ser avaliada uma decisão corporativa integrada que necessite de conteúdos dispersos em bases empresariais distintas, detectando-se diferenças que terminam por onerar o processo, tornando-o muitas vezes inviável. Este cenário pode, por exemplo, ser encontrado em decisões do planejamento de marketing, um processo que compõe tanto avaliações estratégicas quanto táticas, com larga abrangência de ação empresarial (Turban, Rainer e Potter, 2007; Stair e Reynolds, 2009; O'Brien, 2010). É crescente a afirmação do processo de inteligência de mercado neste contexto, como um mecanismo gerencial de nível abrangente de atuação, que objetivaria a constante produção de conhecimentos a partir de dados e informações para subsídio às decisões mercadológicas, como as que são tratadas num planejamento integrado de marketing, que envolvem tanto o nível tático quanto o estratégico (Jamil *et al.*, 2012)

Neste âmbito, o papel dos sistemas de informação, constituindo--se em métodos gerenciais integrados, que potencializariam a organização de dados e informações e contribuir na geração do conhecimento organizacional, torna-se expressivo, ao possibilitarem que estes conteúdos sejam coletados, armazenados, disseminados e verificados constantemente, com a perspectiva de produção de conhecimento (Turban, Rainer e Potter, 2007; O'Briene Marakas, 2008).

Considerando-se portanto que o planejamento de marketing necessita de conteúdos para decisões tanto táticas quanto estratégicas, intensivamente baseadas em informações e conhecimento e que a inteligência de mercado pode ser conceituada como outro processo organizacional que visa a suprir tais conteúdos para a gestão mercadológica, este capítulo avalia como os sistemas de informação podem realizar a conexão entre ambos os processos, permitindo que o conhecimento constantemente gerado a partir de dados e informações seja aplicado para as decisões do planejamento mercadológico.

O presente texto objetiva, portanto, estudar os sistemas de informações em ambiente de relacionamento de processos decisórios de mercado, sendo estruturado por esta introdução, seguida de desenvolvimento teórico que define os conceitos associados aos processos, realizando em seguida o estudo de caso de três decisões de mercado típicas, onde a avaliação pretendida é feita à luz da conceituação discutida previamente. Por último, o encerramento do capítulo emite suas conclusões e o direcionamento para estudos posteriores.

REFERENCIAL TEÓRICO

Os conceitos elementares

A partir de Davenport e Prusak (2000), Tuomi (2000) e Jamil (2005), os conceitos de dados, informação e conhecimento são discutidos a seguir, considerados como fundamentais para a composição da base teórica do estudo. Compreende-se destas fontes que dados são sinais ou valores, que podem ser imediatamente coletados, medidos ou amostrados a partir de origens como equipamentos automáticos, dispositivos elementares de mensuração ou de comunicação. O dado, geralmente de fácil geração e disponibilidade, é representado por uma quantia absoluta, expresso em unidade conversível. Assim, tipicamente, pode-se afirmar que 38°C seja um dado. Simples e imediato, passível de conversão e compreensível, o dado representa uma deficiência severa que é não permitir a geração de um contexto decisório preciso. A temperatura acima pode ter sido medida em várias circunstâncias, determinando ações diversas. Embora necessária, aquela representação não é suficiente em termos de decisão.

A informação pode ser conceituada, dentre várias definições dispostas na literatura, como um conjunto de dados homogêneos, adicionados da percepção do contexto onde esta coleção foi verificada. Prosseguindo no exemplo acima, a avaliação da média das temperaturas de uma localidade ou as mensurações feitas ao longo de um período seria uma informação sobre a temperatura da região. De maior complexidade que o dado, mais onerosa em ser obtida, armazenada, validada e transmitida, a informação oferece, em contrapartida, substancial forma de decidir, ampliando as noções de evolução do fato ou fenômeno em análise. Por último, o conhecimento é afirmado neste estudo também em complementação aos conceitos anteriores, sendo definido como um conteúdo formado a partir de coleções de informações homogêneas, às quais se adicionam concepções dos processos que as forneceram ou originaram. Desta forma, a avaliação do processo climático, físico ou químico que determina a variação das temperaturas amostradas é o conhecimento obtido para o cenário exemplificado. Para as decisões a serem tomadas, o conhecimento permite a compreensão do ambiente em visão integrada, realizar predições e antecipar à ocorrências e variações possíveis do cenário analisado (Davenport, 2000; Akbar, 2003; Jamil, 2005).

Desta conceituação percebem-se dois fatos relevantes para o presente trabalho: (a) os conceitos possuem forte relacionamento; (b) este relacionamento enseja que possa se obter um acervo (conceito) a partir de outro, como exemplo, pode-se afirmar a obtenção de conhecimento a partir de dados e informações, fato que será explorado a seguir, quando se estudará o conceito de sistemas de informação.

Sistemas de informação

As possibilidades de geração de conhecimento a partir de dados e informações revela a perspectiva de uma função ou processo sistêmico para tal. Esta importante atuação que proverá o conhecimento a partir dos acervos mais simples, pode ser alcançada pelos sistemas de informação (Mata, Fuerst e Barney, 1995; Davenport e Prusak, 2000; O'Brien, 2010).

Os sistemas de informação envolvem componentes ativos, integrados no ambiente organizacional que podem ser definidos como *softwares*, a infraestrutura para seu uso, processos organizacionais que insiram precisamente sua aplicação e pessoas preparadas para tal, podendo ser compreendidos como um conjunto de métodos, técnicas, rotinas, dispositivos e códigos para a operação integrada que realizam uma tarefa ou processo definido no contexto organizacional (Turban, Rainer e Potter, 2007; O'Brien e Marakas, 2008; Stair e Reynolds, 2009; O'Brien, 2010).

O desenvolvimento deste conceito, segundo ainda pode ser observado nestas mesmas fontes, não impõe a predominância de qualquer um dos componentes sobre o outro, enfatizando a integração do "sistema" como um benefício por si só, tornando-se um fator relevante ao possibilitar que tais componentes passem a ser gerenciados e tratados tanto como um agregado, quanto individualmente. Assim pensando, as pessoas envolvidas em um sistema de informação ligado à gestão de marketing, por exemplo – vendedores, gestores comerciais, tecnólogos da informação, publicitários –, serão observados tanto como grupos de trabalhadores que promovem o processo utilizando dados, informações e gerando conhecimento, quanto representam um componente de indispensável sintonia com os demais do sistema. Num corolário desta afirmação, não se compreende um sistema de informações onde pessoas não atuem de forma integrada e consciente.

A literatura de áreas como a Logística – Ballou (1998) e Bowersox (2006) – e em especial de Marketing – Churchill e Peter (2000), Baker (2003), Berkowitz *et al.* (2003) e Kotler e Keller (2006) – avaliam como os sistemas de informações específicos são aplicados no exato contexto buscado para o desenvolvimento deste trabalho: da geração do conhecimento integrado para as decisões. Tal fato fundamenta o pressuposto aqui defendido, de considerar os sistemas de informações como atuações de processos agregadores, de ação continuada e de função essencial na produção do conhecimento a partir de dados e informações. No caso deste estudo, evidencia-se, desta forma, a perspectiva da colaboração entre processos inteligência de mercado e planejamento de marketing pela geração do conhecimento.

Sistemas de informação de marketing (SIM) e a tomada de decisão

Neste contexto, portanto, afirmam-se os sistemas de informação de marketing (SIM) como um caso dos sistemas de informação acima discutidos, que são dedicados a possibilitar a melhor solução de várias e complexas decisões com as quais o planejador de marketing se defronta, durante a elaboração ou execução de um plano destinado a concretizar uma ação mercadológica referente a um produto ou serviço. Aqui, além de tal definição, que é fundamentada pela literatura descrita a seguir, apresenta-se tal sistema como um dos potenciais elos de geração de conhecimento que integra a inteligência de mercado ao planejamento de marketing.

A geração de conhecimento é considerada essencial nos casos de decisão de planejamento de marketing como: análise de comportamentos de consumidores (Sheth e Mittal, 2003), segmentação para definir perfis de potenciais clientes (Baker, 2003; Kotler e Keller, 2006; McDonald e Dunbar, 2010), posicionamento de produtos e serviços (Churchill, 2000; Baker, 2003; Kotler E Keller, 2006) e gestão integrada e estratégica de Marketing (Jamil, 2005; Kotler, 2006; Jamil, Balloni e Carvalho, 2009), entre outros tantos subprocessos existentes no percurso de definição de um plano de marketing. Vê-se, por exemplo, em Sheth-Voss e Carreras (2011), como a integração dos sistemas de informação de marketing poderá resultar em segmentação que efetivamente produza resultado, levando ao maior detalhe no conhecimento do consumidor, permitindo a sintonia correta, em função do conhecimento gerado, do valor a ser ofertado a um determinado perfil de cliente, objetivo final de um plano de marketing.

Observa-se que o processo de marketing, como uma atividade essencial no moderno empreendedorismo, deverá ser um *continuum*, permanentemente buscando aferir a percepção de valor pelo cliente diante das ofertas posicionadas estrategicamente pelas empresas (Ferrel e Hartline, 2010). Este processo ininterrupto gerará a perspectiva de ações continuadas de mercado, avaliando riscos, equívocos, acertos e fatores de sucesso. A inteligência de mercado será a seguir conceituada como sendo o processo de geração continuada de conhecimento a partir de dados para o planejamento de marketing (Jamil *et al.*, 2012).

Inteligência de mercado

Os conceitos ligados à prática da inteligência organizacional e de mercado foram abordados por autores como Huber (1990) e Leidner e Elam (1995). Nestes e em outros trabalhos é possível avaliar dois fatores aqui discutidos como fundamento: a continuidade e a conversão de dados em conhecimento para a tomada de decisões. Os autores detalham, em suas obras, as perspectivas da disponibilidade de acervos para a decisão constante na oferta de valor agregado aos clientes e da aplicação coerente e precisa de recursos tecnológicos para esta finalidade.

No aspecto destes recursos para a geração da inteligência no âmbito dos negócios deve ser dado destaque às discussões sobre *business intelligence*, como foram apresentados em textos de referência desta área por autores como Inmon (1995) e Kimball (1996), onde já se anteviam as questões de base na discussão do presente trabalho: dispersão de ferramentas tecnológicas e acervos de dados em ambiente de negócios, desagregação destes acervos alcançando até mesmo a incompatibilidade, necessidades prementes na união destas informações e continuidade deste processo para atender às decisões empresariais. Tais visões foram atualizadas em Inmon, Strauss e Neushloss (2008), porém mantendo-se o cenário crítico em termos da necessidade da inteligência, como aqui afirmado, e da desconexão da tecnologia da informação no atendimento às necessidades prementes das organizações, validando o que já havia sido percebido por Davenport e Prusak (2000).

Outra apresentação destes fatos pode ser avaliada quando, a partir das definições do processo de gestão do conhecimento como anunciadas por Nonaka (2008), determina-se a dificuldade de enunciar decisões coerentes e implementáveis no planejamento de marketing devido à ausência do processo que aqui é definido como inteligência de mercado. Em El-Bashir, Collier e Sutton (2011) tais evidências são relacionadas às funções de controle críticas para processos, ou seja, assinalando a inteligência ao processamento contínuo de dados e informações à geração do conhecimento.

A afirmação da inteligência de mercado, a partir das discussões feitas até este momento, determina um processo de geração constante de conhecimento, a partir de trabalhos com dados e informações coletadas, validadas, integradas e disseminadas aos devidos usuários, em nosso caso os planejadores de marketing. Atinge-se neste ponto o objetivo final do desenvolvimento conceitual que é relacionar os processos através do sistema de informações, como afirmado a seguir.

Relacionando os conceitos

Com base na revisão elaborada acima se define que um sistema integrado de informações de marketing servirá para promover o inter-relacionamento entre os processos de inteligência de mercado, orientado para gerar o conhecimento contínuo a partir de dados e informações do ambiente competitivo, para o planejamento de marketing, estratégica e taticamente essencial para que a empresa formule posições competitivas dinamicamente em seus mercados de atuação.

Com a afirmação da existência deste último processo, suprido da forma descrita pelo desenvolvimento teórico, torna-se possível analisar em decorrência ações integradas de marketing que trariam vantagem competitiva estratégica para uma empresa, como estudos de caso de desenvolvimento do relacionamento aqui avaliado.

Estudos de casos – sistemas de informações, decisões apoiadas pela inteligência de mercado

Os estudos de caso seguintes visam, sob os auspícios da revisão de literatura desenvolvida anteriormente e com o escopo definido para o estudo, avaliar a situação objetiva do trabalho: o sistema de informações de marketing no processamento contínuo a partir do processo de inteligência de mercado, desenvolvendo o planejamento permanente das ações de marketing. Nos casos descritos a seguir, foram consideradas como base situações reais vividas neste momento por empresas que competem em diferentes mercados internacionais.

Decisão em área farmacêutica – localização de fábrica industrial

A decisão de instalar uma fábrica industrial deve considerar potenciais de crescimento de mercado circunvizinho, caso o planejamento de sua instalação preveja que sua produção deva ser ofertada principalmente aos clientes próximos. Uma decisão como esta contemplará uma logística mais simples, que ofertaria valor àqueles clientes, bem como integraria a instalação industrial ao sistema empresarial próximo, reforçando questões como marca e praça de distribuição. Entretanto, do ponto de vista de crescimento futuro, a instalação e o sistema associado de distribuição poderá tornar a indústria dependente deste mercado, levando-a a eventual incapacidade de crescimento além de suas fronteiras geográficas.

Do ponto de vista do planejamento de mercado, há de se estimar o potencial de crescimento do número de clientes, da possibilidade destes em prosseguir negociando com a indústria, de manutenção ou evolução de poder aquisitivo e de desenvolvimento de interesse por produtos associados ou complementares de outras linhas do fabricante, resultando em crescimento tanto de montante negociado quanto de relacionamento mercadológico. O processo de inteligência de mercado monitoraria continuamente o ambiente de negócios, avaliando estes cenários demográficos, provendo sinais e conhecimento para a sintonia constante do planejamento de marketing, capacitando estudar corretamente os momentos de oferta de novos produtos, de produtos complementares, de realização de promoções e de reação à possível invasão de concorrentes. O sistema de informações de marketing captaria os sinais provenientes do processo de inteligência, internalizando-os à empresa, suprindo o processo de planejamento de marketing de maneira contínua e eficaz.

Re-segmentação: avaliando mudanças nos perfis de consumidores

A segmentação é uma tarefa crítica para o sucesso do planejamento de Marketing. Este subprocesso determina a atratividade de perfis diferentes de clientes, indicando a suscetibilidade de cada perfil ao valor a ser ofertado. De forma errônea, devido à sua complexidade e custos, muitas vezes é desenvolvido uma vez e aí permanece, tendo o acervo de conhecimento gerado reutilizado por períodos indeterminados de tempo e de condições de competição de mercado, mesmo sendo evidente que condições culturais, sociais, econômicas e demográficas constantemente sejam alteradas no cenário competitivo. Este é um fato que atesta a precariedade na gestão da informação e do conhecimento, resultando em grandes chances de decidir-se erradamente no posicionamento de produtos e linhas para clientes.

Havendo uma continuidade no estudo de mercado, através do processo de inteligência e de uma função sistêmica que absorva os resultados deste processo para que se prossiga a análise de perfis, o planejamento de marketing poderá ter desenhos precisos e atualizados de segmentos para a atuação, permitindo que decisões como: formas de oferta, preços a serem praticados, distribuição, marcas e comunicação com os potenciais clientes sejam realizadas com atualidade, diante de mudanças prováveis nos perfis dos clientes.

Modificação de posicionamento estratégico de mercado por uma empresa de comunicação

Algumas situações externas poderão impor motivação a que empresas em posicionamentos estáveis de mercado devam reagir com brevidade, modificando sua oferta de valor a clientes. Exemplos destas ocorrências são: invasão de segmento por um competidor de fora do território de negociação, mudança agressiva no posicionamento de outro concorrente que busca ampliar sua participação de mercado, substituição por força de evolução tecnológica ou de mudanças demandadas pelos clientes, obsolescência de produtos ou de marcas.

Nestes casos, o contínuo da análise provida pela inteligência de mercado poderá provocar a antecipação do planejamento de marketing empresarial, ao tornar perceptível, a partir da monitoração constante de sinais de mercado, que o equilíbrio verificado até este momento está em mudança. Aferidas tais perspectivas, a empresa em análise poderá modificar seu posicionamento modificando linhas de produtos, executando ações agressivas de contra-ataque ao mercado da empresa invasora, realizar campanhas institucionais de comunicação, como as de reforço de marca, entre outras. Aqui o planejamento de marketing será feito com base no reconhecimento externo provido pela inteligência de mercado e em conexão ao que é provido pelo SIM.

Mudanças de políticas de investimento em linha de produtos industriais – tecelagem

Uma empresa do setor de tecelagem utiliza-se de crédito externo para alavancar suas operações. O capital utilizado tem custo significativo, devendo ser sempre estimado não apenas pelo retorno financeiro imediato, mas pela retenção de clientes que a oferta de valor provocará – no médio e longo prazo, os clientes tendem a comprar por demanda repetitiva, o que gerará recorrência de caixa. A captação e retenção de clientes num primeiro momento, numa operação que pode ser considerada inicial em políticas de fidelização de marketing, ocorrerão se for possível, constantemente e de maneira objetiva, verificar como estes clientes alteram suas demandas pelos produtos.

O processo de inteligência de mercado monitorará os dados referentes ao consumo dos tecidos fabricados pelos clientes, favorecendo a análise de potenciais de crescimento de interesse de compra em algumas situações. Estes alertas serão providos pelo sistema de informação de marketing nas devidas bases de dados, acessíveis aos responsáveis pelo planejamento como alertas importantes de perfis preferencias para ofertas de valor relevantes para os mesmos.

Em todos os exemplos discutidos nesta seção, objetivou-se verificar como a integração entre os processos de planejamento de marketing e inteligência de mercado poderia resultar em decisões específicas de marketing com maior qualidade e precisão. Com esta análise a partir dos casos descritos, este trabalho afirma a validade da integração entre os processos por um sistema de informação, estudando casos onde a exposição teórica fundamenta o relacionamento da maneira pretendida.

CONCLUSÃO

Os sistemas de informação tornam-se, cada vez mais, peças importantes na gestão empresarial quando, a partir da coleta de dados, permitem coligar acervos e facilitar o acesso dos interessados às informações geradas, para a produção do conhecimento. A formação do conhecimento empresarial é tanto um fator de fundamentação de decisões de melhor qualidade, quanto um potencial gerador de vantagem competitiva, em análises que abrangem de forma evidente vários dos processos essenciais de decisão empresarial.

Neste trabalho, avaliou-se o planejamento de marketing como um processo que, utilizando conhecimento gerado a partir do processo de inteligência de mercado e provido e validado pelos sistemas de informação de marketing, possibilitará a melhor oferta de valor aos clientes. Este é considerado um processo crítico ao permitir, estrategicamente, que a empresa formule posicionamentos diversos ou evolutivos num ambiente competitivo, como os de diversificar uma linha de produtos, investir na aquisição de marca concorrente, acompanhar e atender de pronto a mudanças de perfis de clientes, compor produtos em soluções complementares, entre várias alternativas possíveis.

O estudo pretende, com estas conclusões, validar o relacionamento formulado pelos sistemas de informações entre processos estrategicamente relevantes para o sucesso de empreendimentos. Como orientações a futuros estudos, recomenda-se avaliar a mesma integração, de atividades de inteligência empresarial a processos táticos e estratégicos essenciais para as empresas, em áreas como a financeira, logística, comercial e operações. Em todos estes casos, bem como em outros oportunos, o referencial, a fundamentação teórica desenvolvida, bem como a técnica aplicada de associar os processos essenciais por um (ou vários, integrados) sistema de informação poderá ser conduzida com chances de sucesso pelo pesquisador.

REFERÊNCIAS

Akbar, H. (2003), Knowledge Levels and their Transformation: Towards the Integration of Knowledge Creation and Individual Learning, *Journal of Management Studies*, v.8, n.º 40, pp. 1999-2020.

Baker, M. J. (2003), *Administração de Marketing* – 5.ª Ed. Rio de Janeiro, Editora Campus.

Berkowitz, E. N., Kerin, R. A., Hartley, S. W., Rudelius W. (2003), *Marketing* – 6.ª Ed. São Paulo, LTC.
Churchill, G. A., Peter, J. P. (2000), *Marketing: criando valor para os clientes*. São Paulo, Editora Saraiva.
Ballou, R. (1998), *Logística empresarial*. São Paulo, Atlas.
Bowersox, D., Closs, D. e Cooper, M. (2006), *Gestão logística da cadeia de suprimentos*, São Paulo, Atlas.
Choo, C. W. (2005), *The Knowing Organization: How Organizations Use Information to Construct Meaning, Create Knowledge, and Make Decisions*, Boston, Oxford University Press, USA.
Davenport, T. H. e Marchand, D. (2000), *Mastering information management*, Boston, Financial Times Prentice Hall.
Davenport, T. H. e Prusak, L. (2000), *Working knowledge: how organizations manage what they know*, 2nd Ed. Boston, Harvard Business Press.
El-Bashir, M. Z.; Collier, P. e Sutton, S. G. (2011), The Role of Organizational Absorptive Capacity in Strategic Use of Business Intelligence to Support Integrated Management Control Systems. In *Accounting Review*, vol. 86, n.º 1, pp. 155-184.
Ferrel, O. C. e Hartline, M. (2010), *Marketing Strategy*. South Western College Publications.
Huber, G. P. (1990), A theory of the effects of advanced information technologies on organizational design, intelligence and decision making. *Academy of Management Review*, vol. 15, n.º 1, pp. 47-71.
Inmon, B. (1995), *Using the Data warehouse*. New York: Wiley, 1995.
Inmon, B. (2008), Strauss, D. e Neushloss, G. DW 2.0: *The Architecture for the Next Generation of Data Warehousing*. Morgan Kaufmann.
Kimball, R. (1996), *The Data Warehouse Toolkit*. New York, Wiley.
Leidner, D. e Elam, J. J. (1995), The impact of executive information systems on organizational design, intelligence and decision making, *Organization Science*, vol. 6, n.º 6, November-December, pp. 645-664, 1995.
Jamil, G. L.; Balloni, A. e Carvalho, R. B. (2011), Reflecting on New Businesses Models for SMEs through Technological Application: Cases of E-Business in Brazil in Cruz, M. M. e Varajão, J. *E-business issues, challenges and opportunities for SMEs: driving competitiveness*. Pennsylvania: IGI / BSR Publishing, pp. 194-212.
Jamil, G. L., Santos, L. H. R., Gomes, L., Alves, M. V. L., Silva, S. L. V. e Santiago, R. A. (2012), A design framework for a market intelli-

gence system for healthcare sector: a support decision tool in an emergent economy. A publicar in CRUZ, M. M. e MIRANDA, I. M (org.) *Handbook of Research on ICTs for Healthcare and social services: developments and applications*, IGI / BSR Publishing.

KOTLER, P. e KELLER, K. L. (2006), *Administração de Marketing*. 12.ª Ed. São Paulo, Pearson.

LUCAS, H. C. (2005), Jr. *Information technology: strategic decision making for managers*. Hoboken, John Wiley and Sons.

MATA, F. J., FUERST, W. L. e BARNEY, J. B. (1995), Information technology and sustained competitive advantage: a resource-based analysis. *Management information science Quarterly*, pp. 487-505.

McDONALD, M. e DUNBAR, I. (2010), Market segmentation, Goodfellow Publishers Limited.

NONAKA, I. (2008), *The knowledge creating company*, Boston, Harvard Business Review Classics.

O'BRIEN, J. (2010), *Management Information Systems*. Irving, Mc Graw Hill.

O'BRIEN, J. e MARAKAS, G. (2008), *Management Information Systems*. Irwin: Mc Graw Hill.

SANDHUSEN, R. L. (2003), *Marketing Básico*, São Paulo, Editora Saraiva.

SHETH, J. N. e MITTAL, B. (2003), *Customer Behavior – A managerial perspective*. South Wester College Publishing.

SHETH-VOSS, P. e CARRERAS, I. (2010), How informative is your segmentation? In *Marketing Research*, Winter, vol. 22, n.º 4, pp. 9-13.

STAIR, R. e REYNOLDS, G. (2009), *Principles of information systems*. Boston, Course Technology.

TALLMAN, S., JENKINS, M., HENRY, N., PINCH, S. (2004), *Knowledge, clusters and competitive advantage*. Academy of Management Review, vol. 29, n.º 2, pp. 258-271.

TURBAN, E., RAINER, R. K. Jr e POTTER, R. E. (2007), *Introduction to information systems*. Hoboken: John Wiley and Sons.

TURBAN, E., LEIDNER, D., McLEAN, E. e WETHERBEE, J. (2010), *Tecnologia da informação para a gestão*. São Paulo: Ed. Bookman.

VENKATRAMAN, N. e HENDERSON, J. C. (1993), Strategic Alignment: leveraging information technologies for transforming organizations. *IBM Systems Journal*, vol. 32, n.º 1, pp. 472-484.

WOOD JR., T., CALDAS, M. P. (2011), Relationism and complex thinking in ERP systems implementation. *Revista de Administração Contemporanea*, Vol. 5, N. 2, maio/ago., pp. 91-111.

PROCESSOS DE NEGÓCIO

COORD.
JORGE COELHO E **PAULO GARRIDO**

O que é o BPM
– antecedentes e objetivos

GART CAPOTE

INTRODUÇAO

O que é um processo?
Qual a importância dos processos em nossas vidas?
O que é o Gerenciamento de Processos de Negócio (BPM)?
Como se deu a evolução da gestão até chegar ao BPM?

Estas são algumas das principais e mais comuns perguntas feitas por profissionais e outros interessados nas formas modernas de gestão organizacional.

Nas próximas páginas veremos de forma lúdica e clara como estes elementos atuam em nosso cotidiano, e mais ainda, entenderemos de forma suficiente, o que é que BPM – Gerenciamento de Processos de Negócio – tem de melhor e que pode ser o principal vetor da mudança que tanto precisamos nos negócios, na sociedade e na humanidade como um todo.

Entender sobre Gerenciamento de Processos de Negócio é aceitar que muito ainda precisa ser feito para sair da situação atual.

O mundo de cinquenta anos atrás não se parece em nada com o mundo atual. Todos concordam.

A forma de realizar e gerir os negócios cinquenta anos atrás não se parece em nada com o ambiente de negócio atual. Todos concordam. Certo?

Sendo assim, por que temos tanta dificuldade de mudar as coisas dentro de uma organização e, portanto, aceitar que este é um processo inevitável?

OS PROCESSOS ESTÃO POR TODA A PARTE

Sem envolver qualquer opção religiosa ou filosófica, podemos dizer que nossa vida diária nada mais é que o resultado da realização de inúmeros processos – conscientes ou não.

Nós não temos controle verdadeiro sobre a maioria dos processos que interagimos. Somos apenas participantes eventuais e pontuais.

Toda vez que compramos um produto em um *site*, em uma loja física, contratamos um serviço particular, ou utilizamos um serviço público, estamos verdadeiramente participando do processo – não apenas consumindo seu produto ou seu serviço.

Entender e aceitar que somos corresponsáveis (igualmente responsáveis) pelo resultado de todos os processos que nos cercam é uma grande mudança de pensamento e esta mesma mudança nos fará agir de forma diferente. Preferencialmente, esta mudança nos tornará melhores profissionais. Melhores pessoas.

Pense em processos que corriqueiramente somos participantes e em outros que nem temos consciência de que somos elementos ativos. Tente imaginar a sua vivência, a sua interação e, mais ainda, a sua expectativa nestes processos diários, tais como:

– A preparação de refeições
– O transporte público
– O atendimento médico-hospitalar

- A criação de livro ou artigo
- O seu trabalho diário
- A produção de alimentos
- O aprendizado humano
- Planejamentos diversos
- Desenvolvimento de soluções
- Reclamações jurídicas
- Manutenção do lar

E muito mais...

Um dos grandes responsáveis pela excelência produtiva japonesa, o norte-americano Willian Edwards Deming, sabiamente dizia:

> "Se você não é capaz de descrever o que faz como um processo, você não sabe o que está fazendo."

Sem o desenvolvimento e o controle contínuo de processos, nossa vida seria ainda mais caótica do que já nos parece ser.

Se o governo não pensar e planejar suas ações de forma estruturada, ou seja, na forma de processos, os serviços públicos serão prejudicados invariavelmente.

Se uma empresa de telefonia, por exemplo, não pensar em realizar os serviços vendidos de forma estruturada, a telefonia será cada vez pior.

A boa notícia é que a maioria das organizações entende a importância de ter processos bem definidos, realizados e controlados.

A má notícia é que esta mesma maioria não tem seus processos bem definidos, realizados e controlados.

Devemos nos sentar, lamentar e aceitar essa realidade?

Sem medo de errar, digo enfaticamente:

Está na hora de promovermos a verdadeira mudança. A mudança que nasce no conceitual, mas ali não se encerra. É a mudança que todos nós tornaremos em prática vigente.

O Gerenciamento de Processos de Negócio (BPM) é a mudança de mentalidade necessária a toda e qualquer organização, com ou sem fins lucrativos, de iniciativa pública ou privada, que reconhece que seus processos são a chave para um bom planejamento. E que um bom planejamento pode levar aos melhores, mais desejados e tão necessários resultados.

BPM não é uma atividade burocrática e enfadonha feita pela área de qualidade de algumas organizações.

BPM não é uma iniciativa contínua para documentação e impressão incessante de processos.

BPM não é um trabalho criado para obedecer a normas obtusas e com isso obter certificações de qualidade – já comoditizadas e que não são realizadas na prática.

BPM é a certeza de que tudo pode e deve ser melhor.

BPM é esta mesma certeza transformada em disciplina estruturada de gestão e conduzida por pessoas realmente engajadas.

São tantos os desafios que o profissional vai encontrar ao tentar promover a mudança, que se não for alguém realmente envolvido de corpo e alma, sua força não será suficiente para mover as barreiras existentes.

Basicamente, podemos dizer que um processo nada mais é que uma série de ações, ou passos, que são realizados para se alcançar determinados objetivos. Vamos ver um exemplo bastante trivial.

Para se entregar uma refeição, é preciso seguir alguns passos que compõem minimamente este processo, tais como: escolher o cardápio, separar os ingredientes, preparar os alimentos e, finalmente, servir (entenda estes passos como atividades).

Um processo precisa receber insumos para seu início. A esse elemento do processo damos o nome de "Entrada" (*Input*).

Considerando o preparo de uma macarronada como um processo, devemos, por exemplo, considerar como seus insumos: o macarrão, o tomate, a água, o sal, a carne e outro ingrediente que seja utilizado.

Uma vez com as entradas definidas e recebidas, o processo – com sua miríade de possíveis configurações de sequência de atividades – pode finalmente ser realizado e produzir um resultado, com maior ou menor variabilidade.

Continuando no preparo da macarronada, considere que, antes de colocar o macarrão na panela (que é um recurso do processo), é preciso colocar água na quantidade certa (a água é um insumo, e a quantidade certa equivale a uma regra ou procedimento do processo). A pessoa que estiver preparando a macarronada precisa ser instruída sobre a forma de realização do processo, saber a sua sequência, e claro, suas condições.

O resultado do trabalho realizado pelo processo, que é chamado de "Saída" (*Output*), é – em última instância, o produto ou serviço pelo qual pagamos, recebemos e utilizamos no dia a dia.

Se o processo foi corretamente realizado, ou seja, utilizou os insumos nas atividades corretas, na sequência correta e conforme a receita descreve (procedimentos e regras), provavelmente teremos uma refeição (saída – produto ou serviço) de qualidade, que, conforme previsto, pode sofrer variações maiores ou menores, mas será essencialmente uma macarronada conforme detalhado na receita (o processo descrito).

Muitos também perguntam se processo é sinônimo de excelência, padronização, eficiência, e, até mesmo, burocratização.

Os menos experientes em BPM chegam a pensar "processos" apenas como atividades automáticas realizadas por sistemas eletrônicos e máquinas complexas.

Muitos acreditam que falar em processos é meio caminho para redução de custos, com redução de trabalho e utilização de uma série de ferramentas – físicas e digitais.

Bem... Sim e não.

Somente descrever, observar e pensar no processo não é garantia de alcançar redução de custos ou excelência. Para alcançar esses resultados e, ainda assim, melhorar o relacionamento com os consumidores dos processos, é preciso muito mais do que apenas falar sobre o assunto, escrever manuais, diagramar atividades em grandes folhas e depois pendurá-las nas paredes do escritório.

Utilizei o exemplo da preparação da macarronada propositadamente para ajudar a tirar da mente a ideia de que processos só existem dentro das organizações, que são realizados durante o expediente, e por pessoas contratadas para tal. Sim. Essa é uma das realidades, mas não a sua totalidade.

Tudo é processo. Saiba você ou não. Queira você ou não.

Se uma macarronada pode ficar ruim dependendo do cozinheiro, imagine o que pode acontecer com o resultado de grandes e complexos processos que dependem de tantos "cozinheiros" ao longo do caminho.

Para encerrar esta introdução, alguns outros elementos que compõem os processos precisam ser citados, sendo:

OBJETIVO

É a verdadeira razão para a realização do trabalho.

Todo processo precisa ter o seu objetivo definido e declarado. É a partir do entendimento do objetivo do processo que teremos condições de realizar mudanças, alinhamentos e proposições de melhoria.

Sem saber o objetivo formal do processo, qualquer mudança é perigosamente válida.

EVENTO

É um acontecimento real que provoca uma ação, podendo iniciar a execução de um processo, mudar seu caminho afetando a sua execução ou comportamento, e também concluir um processo. Os eventos de um processo podem ser de três tipos:

1. De início
2. Intermediários
3. De fim

ATOR / PARTICIPANTE

É o elemento encarregado pela realização das atividades e tarefas descritas no processo.

DONO DE PROCESSO

É o elemento (pessoa ou grupo) na organização que possui responsabilidade direta pelo resultado do processo.

Stakeholders

Compreendem todos os envolvidos em um processo, podendo ser de caráter temporário (como um projeto) ou duradouro (como o negócio ou a missão de uma organização).

Entender processos e adotar a disciplina de Gerenciamento de Processos de Negócio (BPM) é essencial para apoiar as organizações na conquista evolutiva de uma maior maturidade no tema, e principalmente, é a chave para alcançar a atual "tríplice coroa" organizacional:

1. Redução de custos
2. Excelência operacional
3. Melhor relacionamento com clientes

A busca incessante por melhores serviços, redução de custos e o aumento constante do lucro é uma busca que tende a mudar o ponto focal de observação do ambiente organizacional. Essa busca vem gradativamente mudando a perspectiva e a visão dos gestores e estrategistas organizacionais.

Cada vez mais é preciso observar e entender a organização observando-a pelo lado de fora – pelo lado de quem convive com os resultados dos processos organizacionais. Pelo lado dos clientes.

Vamos compreender melhor como a busca da tríplice coroa tem movido as organizações em direção a uma percepção cada vez mais refinada e eficiente das necessidades e expectativas dos seus clientes.

A EVOLUÇÃO DAS ABORDAGENS

A Primeira Onda
TQM | BPI

Consideremos as décadas de 70 e 80 como ponto inicial desta breve análise. Neste período o mundo corporativo-organizacional promoveu grandes esforços para alcançar resultados perceptíveis na melhoria da qualidade de seus produtos e serviços.

Oriundo da década de 50, mas se destacando efetivamente a partir de 1970, um dos maiores expoentes foi TQM – *Total Quality Management* – ou Gestão da Qualidade Total. Em TQM, o princípio mais evidente era a necessidade de se criar uma consciência organizacional comum sobre a importância da qualidade nos processos produtivos e gerenciais, envolvendo elementos externos ao controle original da organização, tais como o relacionamento com fornecedores e demais parceiros na realização do negócio da organização.

O principal foco de TQM era a padronização dos processos de trabalho e a sua análise detalhada buscando uma contínua melhoria. Desta forma, as mudanças se concentravam principalmente em mudanças nas atividades mais operacionais, e por isso, causavam pouco impacto no gerenciamento do negócio como um todo.

O TQM teve grande adoção no Japão durante esse período, onde se desenvolveu e foi aprimorado, trazendo com relevância em sua abordagem a visão de que a participação de todos os colaboradores da organização, através de suas diversas atribuições em cada nível hierárquico, era fator determinante para o atingimento dos objetivos da organização como um todo.

Essa mudança de postura para com os colaboradores tem por premissa que haja uma constante e apurada comunicação organizacional, envolvendo todos os níveis hierárquicos. Essa eficiente e eficaz comunicação organizacional é, talvez, o principal elemento da então reajustada dinâmica da organização.

Já para o BPI – *Business Process Improvement* – ou Melhoria de Processos de Negócio, a análise da situação atual de cada processo da organização (chamado de processo *as is*) é o ponto focal para permitir a proposição de melhorias futuras e uma nova realidade para o processo (chamado de processo *to be*). BPI teve sua mais notória abordagem definida na década de 90 com a metodologia Rummler-Brache.

Sem entrar nos detalhes dessa poderosa metodologia, basicamente podemos dizer que os autores, *Geary Rummler* e *Alan Brache*, produziram uma abordagem clara e definida sobre como estruturar, conduzir e medir as organizações **com base em seus processos.**

Podemos dizer que as principais considerações sobre BPI são resumidas em:

1. Os processos precisam de constante realinhamento com as metas do negócio;
2. A mudança é uma constante e o foco no cliente uma necessidade de qualquer organização;
3. Os resultados devem ser mensurados, e se possível, comparados com *benchmarks* – internos ou externos a organização;
4. Os processos precisam ter donos de processos, sem isso não há efetivo controle sobre o atingimento dos objetivos e metas.

A Segunda Onda
BPR | Lean | 6 Sigma

Na década de 90, talvez o grande expoente da segunda onda de gestão tenha sido o BPR – *Business Process Reengineering* – ou Reengenharia de Processos de Negócio.

Um dos principais desenvolvedores do BPR foi o professor Michael Hammer, que ao publicar seu artigo na *Harvard Business Review* declarou a importância de se eliminar atividades que não agreguem valor evidente ao negócio.

Essa abordagem foi muito utilizada em todo o mundo, sendo aplicada de forma bastante radical e tendo por premissa o realinhamento integrado e fundamental de todos os processos importantes para o negócio.

A abordagem de olhar para os processos da organização a partir do zero e então definir como eles deveriam ser construídos (*clean slate*) era uma grande mudança de pensamento, e, principalmente, um grande risco, pois ignorava a análise da situação atual e seu aprendizado decorrente dela.

Além disso, o BPR presumia que o principal fator limitante do desempenho das organizações era a ineficiência de seus processos (o que não é obrigatoriamente uma verdade).

Como resultado, boa parte das organizações utilizou de forma equivocada este poderoso conceito – propositadamente ou não – para promover demissão em massa de trabalhadores (colaboradores). Essa prática rapidamente ganhou a animosidade coletiva e levou o BPR a um vertiginoso desuso.

Ainda na segunda onda, e já falando sobre esforços e abordagens que perduram até hoje na realidade organizacional mundial, devemos citar duas importantes lideranças de prática e pensamento – *Lean* e *Six Sigma*.

LEAN

Lean pode ser considerado como uma filosofia ou somente um conceito, mas nem por isso deve ter seu poder de mudança negligenciado.

Lean, ou "enxuto", é essencialmente uma filosofia que descreve uma poderosa abordagem holística e sustentável para usar menos de tudo e mesmo assim conseguir mais. Talvez o conceito de holística não seja muito claro, e para entender *Lean* é preciso primeiro entender sua abrangência implícita. Sendo assim, explico que uma abordagem holística trata do "indivisível" – confirmando que não pode haver entendimento do todo somente por análise separada das partes. Para uma análise holística aceitamos que o TODO determina o comportamento das partes. *Lean* também é uma estratégia de negócio baseada na satisfação do cliente entregando produtos e serviços conforme a necessidade apurada, buscando sempre:

- A quantidade requerida
- O preço justo
- O momento no qual o cliente precisa
- E utilizando o mínimo de
    - Materiais
    - Equipamentos
    - Espaço
    - Trabalho
    - Tempo

Qual o mínimo possível de material, tempo, espaço, instalações, capital, energia, esforço, e o que mais for necessário, para desenvolver e entregar um produto ou serviço para seu cliente?

Qualquer coisa diferente do mínimo absoluto é essencialmente um DESPERDÍCIO.

A lógica da filosofia *Lean* está na constante análise das causas de desperdício, e para isso se tornar viável, algumas premissas foram estabelecidas:

- O cliente tem a necessidade e define o propósito
- Tudo inicia e termina com a necessidade do cliente
- O cliente é o verdadeiro árbitro de valor
- Criação de valor é um processo
- Desperdício deturpa o processo de criação de valor
- Um processo perfeito não possui desperdício
- Processos perfeitos maximizam o valor para o cliente

O processo perfeito nunca foi alcançado... Sua busca constante é o cerne da filosofia *Lean*. Cada pessoa possui sua percepção do que constitui valor. O que é valorizado pela pessoa muda conforme a circunstância e o tempo. Com *Lean* é preciso entender o que os clientes valorizam, e, então, criar a entrega de valor da forma mais efetiva.

Quando se entende o que o cliente valoriza, se define a própria natureza do trabalho na organização:

- O que deveria ser feito
- Como deveria ser feito
- E até mesmo SE deveria ser feito

Ainda segundo *Lean*, para se adicionar valor a um processo, toda ação, atividade, processo, pessoa, organização, equipamento e qualquer outro recurso envolvido deve:

- Ser claramente o motivo pelo qual o cliente está pagando
- Estar transformando o produto
- Contribuir diretamente para percepção de valor

Como disse anteriormente, acho muito importante a compreensão da filosofia *Lean* e acredito que todas as organizações deveriam respeitar seus 5 Princípios mais essenciais:

1. Especificar claramente o valor
2. Identificar o fluxo de valor dos produtos e serviços
3. Promover a fluidez do fluxo de valor
4. Fazer com que a produção seja "puxada" pela demanda
5. Promover a melhoria contínua em busca da perfeição

Respeitando os princípios, o foco na redução dos 7 Desperdícios se faz igualmente presente e poderoso para *Lean*, sendo seu foco definido na eliminação estruturada e mensurada de:

1. Superprodução
2. Tempo de espera
3. Transporte
4. Excesso de processamento
5. Inventário
6. Movimento
7. Defeitos

SIX SIGMA

Outra ferramenta muito poderosa para a redução de erros e melhoria de produtos e serviços, e que é amplamente utilizada em todo o mundo, é *Six Sigma* – ou Seis Sigma. Podemos considerar Seis Sigma como um conjunto de práticas, originalmente desenvolvidas pela Motorola, para aprimoramento contínuo de processos, produtos e serviços organizacionais focando sempre no resultado para o Cliente. Seu maior objetivo é a redução de variação e defeitos nos processos, objetivando alcançar apenas 3 a 4 defeitos em cada milhão de oportunidades de defeito. Alcançar esse número não é nada trivial, e por isso mesmo, para algumas organizações, como na aviação civil, a menor variação é algo que não se pode aceitar, pois pode representar o acontecimento de desastres e catástrofes.

Por definição, "Defeito", é qualquer não conformidade em produto ou serviço a partir de suas especificações. Ou seja, qualquer variação no comportamento, que não esteja prevista na especificação do produto ou serviço, deve ser considerado alvo de eliminação, pois é um defeito. Tecnicamente falando:

Desempenho 6 Sigma é o termo estatístico para um processo que produz menos de 3 a 4 defeitos por milhão de oportunidades (instâncias do processo).

Seus princípios essenciais são:

1. Reduzir continuamente a variação em processos
2. Eliminar defeitos em produtos e serviços

6 Sigma possui dois métodos de projeto específicos para fases distintas dos produtos e processos de uma organização.

MOMENTO DE CRIAÇÃO

No momento de criação de novos produtos e processos, utiliza o método de acrônimo DMADV (Definir, Medir, Analisar, Desenhar e Verificar), para tratar respectivamente de objetivos, características de qualidade, capacidades do produto ou serviço, definir detalhes do projeto e averiguar o resultado de projeto piloto.

FIGURA 1. DMADV – 6 Sigma

MOMENTO DE MELHORIA

Além dos passos para a criação de novos produtos e serviços, 6 Sigma também estabelece passos estruturados para a melhoria contínua dos já existentes na organização. Este "caminho" é amplamente utilizado em organizações do mundo inteiro, sendo conhecido por seu acrônimo DMAIC (Definir, Medir, Analisar, Melhorar e Controlar), para tratar respectivamente da definição do problema, da medição dos aspectos atuais, da análise de dados para busca da causa e efeito, para melhorar e realizar projetos piloto e também controlar desvios estatísticos.

Figura 2. DMAIC – 6 Sigma

Evolutivamente, a prática de *Lean* e de *Six* Sigma provocou no mercado uma fusão positiva entre as duas abordagens complementares, fazendo surgir o que hoje conhecemos como *Lean*-6 Sigma. Esta fusão promoveu um programa de integração entre os pontos fortes de cada um, destacando assim suas principais características:

- *Lean*-6 Sigma enfoca objetivos estratégicos da organização e estabelece metas de melhoria baseadas em métricas quantificáveis e execução na forma de projetos;
- Tem seus projetos conduzidos por equipes lideradas por especialistas em 6 Sigma (*Black Belts* ou *Green Belts*);
- Deve ser orientado "de cima para baixo" (*top-down*), sempre buscando o comprometimento da alta administração da organização;
- Trabalha sempre a mensuração dos benefícios do programa realizado evidenciando o aumento da lucratividade da empresa (*bottom-line results*);
- Deve-se manter o foco na satisfação do cliente realizando os passos previstos para a aplicação do DMAIC.

A TERCEIRA ONDA

Business Process Management | BPM

No início de 2000, mais exatamente em novembro de 2002, era lançado o livro que estabeleceria os conceitos e diferenças entre as duas ondas anteriores e o que ainda estaria por vir para a moderna gestão organizacional. Os autores, *Peter Fingar* e *Howard Smith*, lançaram naquele ano o livro *Business Process Management – The Third Wave* (Gerenciamento de Processos de Negócio – A Terceira Onda). Para os profissionais e gestores de processos, talvez este seja o livro mais importante lançado na primeira década de 2000. Particularmente, eu o considero como tal, pois foi um verdadeiro divisor de águas para o período. Sua linha principal é:

"Don't bridge the business-IT divide – Obliterate it!"

Em uma tradução livre, podemos entender como:

"Não diminua o fosso entre o negócio e a tecnologia – Elimine-o!"

Este foi o mote para a mudança de postura iniciar sua caminhada nas organizações, porém, também foi uma oportunidade para empresas de tecnologia corromperem o conceito maior, e na busca imediata de resultados, transformaram BPM em sinônimo de compra de sistemas de automação de processos e atividades.

Felizmente, o mercado amadureceu e esse erro conceitual e prático já está devidamente suplantado. Inclusive, a maioria dos fabricantes de produtos de automação e gerenciamento de atividades de processos (BPMS), reconhece que houve certo exagero na época, mas que o mesmo era uma característica do momento.

Precisamos ter as diferenças bem definidas para não cometer os mesmos e antigos erros.

Quando falamos sobre BPM, ou Gerenciamento de Processos de Negócio, precisamos extrapolar e ir além de sua importante definição elementar formal – definida no BPM CBOK® e que veremos na sequência.

BUSINESS PROCESS MANAGEMENT – BPM
Gerenciamento de Processos de Negócio

BPM é a mais verdadeira insatisfação do cliente – nós todos, estruturada e traduzida em conceitos, técnicas, tecnologias e ações para a transformação social e organizacional que tanto precisamos.

Quando pensar em Gerenciamento de Processos de Negócio (BPM), não pense apenas em diagramas, procedimentos, tecnologias, custos e lucro. Isso tudo faz parte, mas é muito pouco.

Pense em BPM como uma mudança de mentalidade, e que esta mudança cada um de nós irá desenvolver e levar para o nosso cotidiano na forma de ações holisticamente responsáveis. Sempre.

É uma grande mudança de mentalidade, que nasce com os profissionais, permeia as organizações e espalha seus resultados por toda a sociedade.

E formalmente cito agora a definição existente no BPM CBOK® da ABPMP Internacional (Associação de Profissionais de Gerenciamento de Processos de Negócio):

> *BPM é uma abordagem disciplinar para identificar, desenhar, executar, documentar, medir, monitorar, controlar e melhorar processos de negócio, automatizados ou não, para alcançar resultados consistentes e alinhados com os objetivos estratégicos da organização.*

Se o leitor desejar uma visão detalhada de cada etapa, sugiro a leitura cuidadosa do BPM CBOK®, e conforme sua definição, BPM é composto de nove áreas específicas de conhecimento, sendo todas inter-relacionadas e evolutivamente complementares.

1. Gerenciamento de processos
2. Modelagem de processos
3. Análise de processos
4. Desenho de processos
5. Gerenciamento de desempenho
6. Transformação de processos
7. Organização de processos

8. Gerenciamento de processos corporativos
9. Tecnologias de gerenciamento de processos

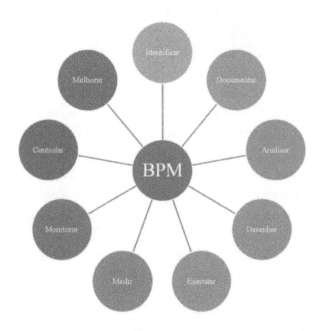

FIGURA 3. Ciclo de vida estendido com fase de análise de processos

De forma a complementar a definição de BPM anteriormente apresentada, a seguir temos dois outros acrônimos de grande utilização no mercado. É importante ao menos se ter uma visão geral sobre o significado e a utilização de ambos.

BPMS
Business Process Management Suite – Systems
Software/Sistemas auxiliares na realização de BPM

Um BPMS, ou *Business Process Management Suite* ou *System*, é uma ferramenta complexa que, em linhas gerais, é responsável pela realização de grande parte do ciclo de vida do Gerenciamento de Processos de Negócio.

É importante que o leitor entenda e fixe em sua mente que BPM é a disciplina de gestão, e BPMS um dos seus ferramentais de apoio. Fazendo uma simples analogia, seria o equivalente a dizer que a administração financeira é a disciplina, e a planilha eletrônica apenas uma das ferramentas utilizadas.

As ferramentas de BPMS devem apoiar as organizações na realização de importantes atividades das fases do ciclo de vida de Gerenciamento de Processos de Negócio, sendo principalmente:

1. A representação dos seus processos (Modelagem)
2. Definição das informações geradas (Dados)
3. A forma como o trabalho será realizado (Formulários)
4. O comportamento dos processos (Regras de Negócio)
5. Definição e alocação de recursos (Participantes)
6. Reutilização dos sistemas da informação (Integração)
7. Validação das mudanças nos processos (Simular)
8. A realização do trabalho definido no processo (Execução)
9. A verificação de resultados do processo (Monitorar)

Esta é sua representação cíclica mais comum.

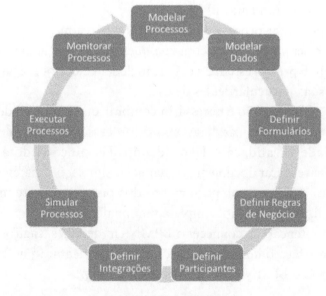

FIGURA 4. Ciclo BPMS

BPMN
Business Process Modeling Notation
Notação de Modelagem de Processos de Negócio

BPMN é a linguagem mais apropriada para representar processos atualmente. Hoje está na versão 2.0, sendo a mais completa e poderosa notação existente no mercado. Com BPMN é possível descrever os processos desde a forma mais abstrata para promover apenas uma discussão inicial até a modelagem mais detalhada e completa – capaz até mesmo de ser executada por ferramentas BPMS. Este é um dos grandes benefícios da notação.

Neste contexto, o mais importante sobre BPMN que o leitor precisa saber nesse momento é:

1. BPMN já é – incontestavelmente – a linguagem mais completa e poderosa para se utilizar no Gerenciamento de Processos de Negócio com BPMS;
2. BPMS serve tanto para documentação atual dos processos das organizações quanto para a representação de processos melhorados e futuros, contemplando, ou não, a automação com o uso de ferramentas BPMS;
3. Representar processos com BPMN não é a mesma coisa que representar processos com qualquer outra notação ou linguagem. É preciso estudar a definição de seus elementos e também as suas particularidades de uso;
4. Atualmente, não é necessário comprar qualquer tipo de produto para produzir diagramas de processos com grande qualidade e validação. Dependendo da solução adotada, é possível gerar documentos dinâmicos, simulações matemáticas para validar o comportamento dos processos, e até mesmo realizar a execução completa sem qualquer custo;
5. Na intenção de conhecer a BPMN em detalhes, sugiro que o leitor faça o *download* gratuito da documentação no *site* da OMG – BPMN em *http://www.bpmn.org/*.

Para encerrar esta contextualização sobre as três ondas de tentativa de alcançar e conquistar a tríplice coroa, espero que tenha ficado evidente que BPM é uma evolução oriunda de esforços estruturados e realizados ao longo de pelo menos 40 ou 50 anos.

Não estamos reinventando a roda.

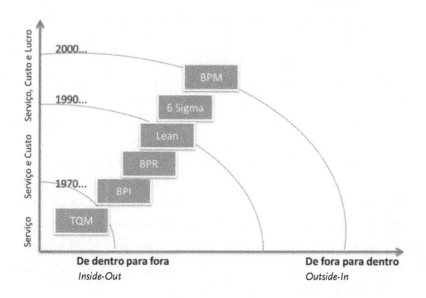

FIGURA 5. Evolução da Transformação

BPM orienta quais ferramentas podemos e devemos usar em benefício da Sociedade, do Cliente e das Organizações. Os conhecimentos adquiridos e refinados ao longo de décadas de contínuo crescimento prático e teórico, são conhecimentos preciosos demais para qualquer disciplina ignorar.

A prova mais evidente da maturidade com que tratamos a gestão das organizações está no reconhecimento da validade de conhecimentos e técnicas anteriormente bem-sucedidas. BPM, conforme costumamos dizer, é uma grande caixa de ferramentas e, dentro dela, encontramos as mais diversas utilidades, técnicas, filosofias, métodos, princípios e tecnologias.

Portanto, para que não restem dúvidas sobre as definições mais fundamentais, aqui segue um último lembrete:

- BPM NÃO é uma METODOLOGIA
- BPM NÃO é uma TECNOLOGIA
- BPM NÃO é uma FILOSOFIA
- BPM É uma DISCIPLINA de gestão organizacional
E ainda
- BPMS NÃO é igual a WORKFLOW
- BPMS NÃO é para substituir PESSOAS
- BPMS É um complexo PRODUTO de *software*
- BPMN NÃO funciona igual ao FLUXOGRAMA tradicional
- BPMN NÃO é apenas para DOCUMENTAÇÃO
- BPMN É para documentação e EXECUÇÃO de processos

Pense em BPM como o grande viabilizador ou a caixa de ferramentas que precisamos ter dentro das organizações para conseguir apertar os parafusos soltos e promover uma administração holística do negócio.

Com a visão holística:

o **Lucro** deixa de ser o objetivo principal e se torna consequência de todos os processos da empresa;
o **RH** finalmente deixa de ser custo;
o **Consumidores** deixam de ser apenas receitas e se tornam parte da empresa;
o A **organização** é uma série de **processos interligados**;
o Uma organização é um grande **processo** que **contém vários processos**;

Além disso, o pensamento holístico é profundamente ecológico. O indivíduo e a natureza não estão separados, pois formam um conjunto impossível de ser dissociado. É por isso que qualquer forma de agressão à natureza é pura e simplesmente uma forma de suicídio.

Metodologia MLearn – do desenho da Arquitetura Organizacional ao alinhamento estratégico do negócio e dos sistemas de informação

JOÃO PAULO BAPTISTA, RUI COSTA E TIAGO SOEIRO

RESUMO

Só se podem melhorar processos que se conhecem e que se podem avaliar. Esta frase surge repetidas vezes nos manuais de gestão, porém, a realidade de muitas organizações é que não dispõem do rigoroso levantamento dos seus processos de negócio nem tão pouco congregam a documentação necessária que os explique. Neste contexto, não conseguem implementar ações de reengenharia de processos nem desenvolver iniciativas de melhoria contínua que lhes permitam tornar-se mais eficientes operacionalmente e mais eficazes nos mercados em que atuam. Para além disso, torna-se quase impossível implementar, em tempo útil, as alterações ao modelo dos processos de negócio, imprescindíveis hoje em dia à sociedade competitiva em que vivemos. De uma maneira geral, a gestão de topo, que procura a implementação rápida da estratégia que vislumbrou para a sua organização, encontra na maior parte das vezes barreiras na sua prossecução. Muito frequentemente, as dificuldades colocam-se ao nível dos Sistemas de Informação. Isto porque a arquitetura existente não permite, de uma forma flexível e rápida, adaptar os processos de negócio às exigências do mercado, em alinhamento com a estratégia de negócio.

Este trabalho ilustra uma resposta a esta problemática através da aplicação prática da metodologia MLearn, usando como caso de estudo um grupo editorial, particularizando os processos de vendas e de gestão de encomendas.

1. INTRODUÇÃO

O *boom* da internet expôs a inflexibilidade do ambiente tecnológico e processual de muitas empresas, o que resultou na inabilidade para se adaptarem aos novos canais de interação com os clientes. Os sistemas de informação de muitas das empresas são, ou foram num passado recente, pouco ágeis e pouco flexíveis. Tornaram-se ao longo dos tempos demasiado complexos, funcionando quase que por milagre, onde qualquer nova funcionalidade é muito difícil de implementar, implica a alteração de muitos sistemas legados e representa custos significativos. Desenvolver e testar novas funcionalidades num ambiente complexo requer muito tempo e é uma aventura dispendiosa e arriscada.

A complexidade não traz valor. Muitos dos atuais gestores de empresas conseguem enumerar vários processos de negócio que, apesar de serem iguais, executam de diferentes maneiras, em diversos lugares da empresa e que são suportados por diferentes aplicações informáticas. Implementar processos de negócio automáticos e uniformizados traz custos, particularmente os associados com a mudança organizacional, mas os benefícios são evidentes: ambientes tecnológicos mais simples, redução do custo das operações, maior agilidade e, por conseguinte, maiores vantagens competitivas. A agilidade dos negócios tornou-se uma necessidade estratégica. A globalização crescente, o aumento da regulação, a aceleração do ciclo de vida dos negócios e da evolução tecnológica requerem uma grande capacidade organizacional para mudar rapidamente.

Comentários como os seguintes, por parte de gestores executivos, representam sérios sinais de aviso sobre a desarticulação existente entre os sistemas/tecnologias de informação e a estratégia das organizações:

- Diferentes partes da nossa empresa dão diferentes respostas às mesmas questões dos clientes;
- Cumprir um novo requisito regulatório ou legal representa um grande esforço, requerendo o envolvimento da gestão de topo e investimentos significativos;
- O nosso negócio é pouco ágil. Qualquer nova iniciativa estratégica é como começar do zero;
- Os sistemas/tecnologias de informação são consistentemente um "funil";
- Há na empresa diferentes processos de negócio que satisfazem a mesma atividade, cada um com um sistema diferente;
- Uma parte significativa do trabalho das pessoas é retirar dados de um conjunto de sistemas, manipulá-los e reintroduzi-los noutros sistemas;
- Os gestores seniores temem discutir temas de sistemas/tecnologias de informação;
- Não sabemos de onde a nossa empresa retira valor dos sistemas/tecnologias de informação.

Como sugerem estes comentários, empresas sem sólidas fundações de processos de negócio e sistemas/tecnologias de informação eficazes, enfrentam sérias ameaças competitivas.

2. A ARQUITETURA ORGANIZACIONAL

A teoria sobre estratégia defende que o alinhamento entre o negócio e os sistemas / tecnologias de informação (SI/TI) é um processo cíclico e contínuo que pode ser catalisado pela identificação de indicadores-chave de desempenho (KPI[1]), modelação empresarial, definição de processos administrativos de governação e outros mecanismos de execução. Uma arquitetura da organização pode também ser um facilitador deste alinhamento e pode ser definida como "uma representação descritiva da disposição básica e interconexões de partes de uma organização, como sejam: dados, informação, sistemas, tecnologias, processos de negócio" (adaptado da ISO 15704).

As arquiteturas organizacionais podem potenciar o alinhamento entre negócio e SI/TI de várias e importantes formas (Gregor e Hart, 2007):

- Negócios e Sistemas de Informação são desenhados em conjunto, integrados e visualizados debaixo de uma plataforma organizacional comum. A arquitetura desempenha um papel de comunicação gráfica, permitindo a todos os envolvidos verem como as várias partes da organização se interligam entre si.
- Os estados presentes e futuros do negócio e dos SI/TI são definidos e descritos em detalhe. A análise de lacunas entre os estados *as-is* e o *to-be* fornece bases de trabalho para o planeamento estratégico, operacional e de recursos.

A arquitetura organizacional é portanto a organização lógica para os processos de negócio e os SI/TI, reflectindo os requisitos de integração e uniformização (*standardization*) do modelo de operações da organização. Fornece uma visão a longo prazo dos processos, sistemas e tecnologias da empresa para que os projetos de SI/TI individuais possam construir capacidades, em vez de satisfazerem apenas necessidades imediatas. Em paralelo, a organização deverá definir o seu modelo de operações, ou seja, definir a integração e uniformização mais eficiente dos processos de negócio que lhe permite entregar os bens ou os serviços aos seus clientes. Deverá ser

---

[1] KPI – Key Performance Indicator.

também definido um modelo orientador de SI/TI que estabeleça mecanismos de governação que assegurem que negócio e projetos SI/TI alcancem os objetivos globais da empresa e que coordene as decisões de SI/TI e de negócio efectuadas nos vários níveis da organização (empresa, unidade de negócio, projeto). O modelo orientador de SI/TI estabelece ligações entre decisões de topo, como a priorização de projetos e o desenho de processos da empresa, e decisões ao nível da implementação dos projetos individuais.

3. A METODOLOGIA MLEARN

A metodologia MLearn surgiu em 1998 na sequência de práticas profissionais e académicas do Prof. Jorge S. Coelho. Encontra-se desenhada justamente para apoiar as organizações a introduzir ou reforçar um modelo de funcionamento e de melhoria contínua, numa perspetiva integrada, orientada aos processos e aos *stakeholders*, baseada no conceito de competências organizacionais, proporcionando as condições para uma eficaz implementação da estratégia e garantindo um adequado alinhamento estratégico dos sistemas de informação. Como principais objetivos destacam-se os seguintes:

- Propor uma abordagem *top-down*, integrada, sistémica e orientada a processos, com a finalidade de facilitar a explicitação, comunicação e controlo da estratégia, conferindo agilidade organizacional;
- Auxiliar a conceber e implementar um modelo de melhoria contínua, suporte da aprendizagem organizacional, assente numa arquitetura de competências organizacionais, na geração de consensos e numa óptica de terapia organizacional;
- Proporcionar condições adequadas para a inovação da organização;
- Assegurar mudanças de atitudes e de comportamentos;
- Criar um quadro claro de responsabilização individual e organizacional.

O método desenvolve uma visão única da organização por todos os colaboradores, para garantir uma comunicação mais eficaz e um processo de decisão convergente. Esta visão única resulta do exercício de conceção da arquitetura de processos com base em sessões interativas, onde se reflete conjuntamente a estratégia da empresa. As sucessivas sessões de trabalho oferecem a possibilidade de repensar a organização, cruzando diferentes visões e construindo consensos horizontais, adotando uma perspetiva de como deveria ser (*ought to be*) e não de como é (*as is*). Em muitos casos os participantes consideram os resultados lógicos, mas sentem dificuldade em os aceitar de imediato pois interiormente há situações defendidas habitualmente que agora são postas em causa. Porém, não conseguem discordar. É este desconforto interno que leva a designar esta aproximação por terapia organizacional.

Simultaneamente a metodologia assegura condições para a criação de um repositório de conhecimento organizacional único, que suporta as necessidades de todos os departamentos.

De referir que a metodologia introduz conceitos próprios que importará apresentar. Os mais importantes prendem-se com competência organizacional, que representa o que a organização tem de ser capaz de fazer para implementar a estratégia, macroprocesso, que agrega os recursos necessários para concretizar as competências organizacionais e processo, que é associado ao *workflow* decorrente de um evento. Um processo é assim transversal aos macroprocessos e aos departamentos. A arquitetura de competências organizacionais assegura então o alinhamento dos processos e dos sistemas de informação. Outra vertente inovadora traduz-se na conceção do *ought to be*, uma referência estratégica para a definição do *to be*, não se iniciando os trabalhos pelo tradicional *as is*.

Para a elaboração deste artigo e como exemplo de aplicação da metodologia MLearn, analisamos um grupo editorial cuja missão é produzir conteúdos para as áreas de educação, referência e literatura, materializados sob a forma de livros ou produtos multimédia. No capítulo seguinte descreve-se a aplicação da metodologia com base num modelo simplificado da organização.

4. CASO DE ESTUDO

O primeiro passo é traduzir a estratégia da organização em objetivos de médio prazo, para os quais são identificados os respetivos indicadores, de acordo com a missão, a visão e as motivações de melhoria seguidas pela empresa. No caso em estudo, alguns dos objetivos estruturantes a considerar podem ser: aumentar a presença nos mercados externos lusófonos, ou aumentar a edição de conteúdos gerais, podendo estes ser avaliados pelos indicadores "volume de negócios nos mercados externos lusófonos" ou "quota de mercado das edições gerais" respetivamente. Para cada um dos objetivos estratégicos é necessário estabelecer também as metas que a empresa se propõe atingir no médio prazo.

Outro passo importante prende-se com a definição do modelo de contexto externo da organização. Este modelo representa os *stakeholders* e pretende criar consenso relativamente à sua importância para o negócio. É a componente inicial do mapa da organização e é a base para definir o desenvolvimento necessário para assegurar a implementação da estratégia de médio prazo.

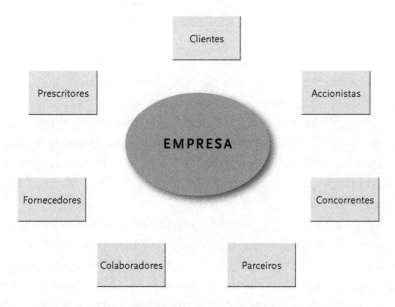

FIGURA 1. Modelo de contexto externo de *stakeholders* do grupo editorial

Para transmitir completamente a estratégia é necessário definir o modelo de macroprocessos de primeiro nível. Este traduz a componente estratégica de negócio que define as capacidades ou competências macro da organização, necessárias para implementar a estratégia. A sua definição compete à administração, a par das componentes estratégicas de mercados, produtos e recursos humanos.

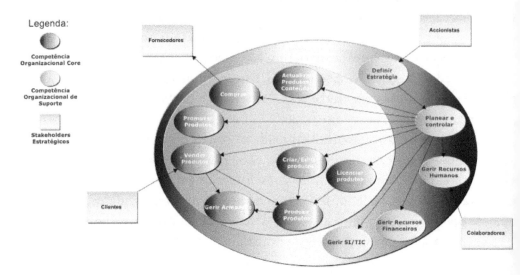

FIGURA 2. Modelo de macroprocessos de 1.º nível do grupo editorial

As componentes organizacionais principais (no centro) são as que se encontram ligadas estreitamente à cadeia de valor da organização e asseguram mais diretamente o negócio, nomeadamente ao nível da angariação de negócio e da resposta aos compromissos assumidos com o cliente. As competências organizacionais de suporte têm como finalidade criar condições para um bom funcionamento da organização, através da emissão de orientações e fornecimento de recursos.

Na fase seguinte a organização deverá refletir sobre as suas preocupações de 1.º nível, conceito adotado pela metodologia MLearn e que traduz uma insatisfação centrada na relação entre a empresa e uma entidade externa. A identificação das preocupações resulta assim da reflexão sobre a resposta da organização a cada *stakeholder*, de acordo com cada objetivo de médio prazo. Quaisquer preocupações de nível inferior e que se situem dentro da empresa serão causas de uma preocupação de primeiro nível.

Este exercício permite distinguir as questões a serem tratadas por cada nível de gestão, proporcionando um alinhamento dos objetivos de todos os níveis com a estratégia. Seguidamente, para cada preocupação é necessário definir o estado que a empresa pretende atingir a curto prazo (normalmente um ano) e definir uma orientação a seguir. Esta orientação é definida de forma a traduzir a estratégia para a situação em análise e constitui um objetivo para o período operacional. Para cada objetivo será escolhido pelo menos um indicador, definida a variável em que vai ser expresso e estabelecido o valor a atingir no período operacional considerado (meta).

Para o caso em estudo foram consideradas algumas preocupações como por exemplo "insuficiência de recursos humanos com perfil internacional", relacionada com o *stakeholder* colaboradores, e "baixa qualidade de serviço", relacionada com o *stakeholder* clientes. Para estas preocupações foram definidos os objetivos "Aumentar RH com vocação internacional" e "Melhorar Qualidade de Serviço" respetivamente, escolhidos os indicadores "Rácio de RH com perfil internacional" (%) e "Índice de qualidade dos serviços" (escala 1 a 10), e estabelecidas as metas a serem atingidas no curto prazo.

A partir daqui definem-se as ações de melhoria ou projetos a implementar, com o propósito de superar o valor atual do indicador e concretizar a meta estabelecida para cada um dos objetivos, indicando os macroprocessos de negócio que vão ser intervencionados e os responsáveis pela sua realização. Não pode haver projetos que não incidam em macroprocessos, nem objetivos que sejam concretizados sem ser através de macroprocessos.

No caso de estudo que estamos a seguir, para cada uma das preocupações enunciadas antes, definiram-se as ações de melhoria e/ou projetos a implementar: "Formar RH necessários à internacionalização", responsabilidade do macroprocesso "Gestão de Recursos Humanos", e "Aumentar qualidade de serviço aos clientes", responsabilidade do macroprocesso "Vender Produtos".

Nesta fase do trabalho, deve ser elaborada uma Matriz de Cruzamento dos Objetivos Estruturantes *vs.* Operacionais, assim como uma Matriz de Cruzamento dos Indicadores Estruturantes *vs.* Operacionais, que auxiliem a definir um plano de prioridades de intervenção nos macroprocessos, em função da importância atribuída pela administração a cada um deles. Este plano traduz também as intenções de investimento, justificadas pela estratégia e alinhadas pelos macroprocessos.

O passo seguinte é a definição rigorosa de cada um dos macroprocessos identificados no primeiro nível, da sua finalidade (missão que justifica a razão da sua existência), do objeto de negócio (entidade informacional que se destina a guardar toda a informação gerada ao longo do seu ciclo de vida, para responder aos estímulos do macroprocesso), do estado inicial e final, bem como dos seus critérios de desempenho. Neste artigo escolheu-se como exemplo o macroprocesso "Vender Produto", cujos atributos estão representados no Quadro I.

QUADRO I. Atributos da macroprocesso "vender produtos"

Finalidade	Objeto de Negócio	Estado Inicial	Estado Final	Critérios de Desempenho
Concretizar oportunidades de negócio	Oportunidade de Negócio	Oportunidade de negócio identificada	Concretização da oportunidade de negócio	Sucesso na concretização de oportunidades de negócio

Podemos considerar que o objeto "oportunidade de negócio" é um objeto principal, pois o seu ciclo de vida ocorre dentro do âmbito do macroprocesso "vender produtos" e tem um macroprocesso a monitorá-lo. Já o objeto "pedido à produção" é um objeto secundário uma vez que o seu ciclo de vida vai decorrer no âmbito do macroprocesso "produzir produtos", como representado na Figura 3.

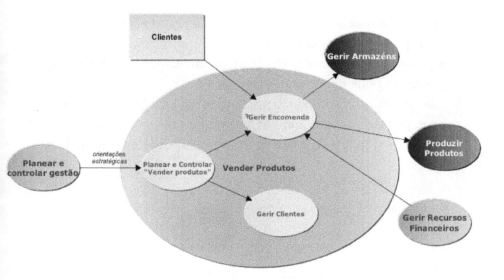

FIGURA 3. Modelo de macroprocesso de 2.º nível do macroprocesso Vender Produtos

Um macroprocesso pode ter mais do que um objeto principal. Por exemplo, para o macroprocesso de 2.º nível "gerir encomendas" (Quadro II) podemos considerar dois objetos principais, "encomenda" e "fatura". No entanto, "encomenda" considera-se o objeto principal estruturante pois constitui a espinha dorsal do macroprocesso. O objeto principal "fatura" pode-se considerar auxiliar do processo "gerir encomenda", constituindo-se como um objeto estruturante da atividade "cobrar fatura".

Quadro II. Atributos do macroprocesso "gerir encomenda"

Finalidade	Objeto de Negócio	Estado Inicial	Estado Final	Critérios de Desempenho
Gerir as encomendas dos clientes	Encomenda	Encomenda recebida	Encomenda entregue	• Entrega dos produtos de acordo com encomenda • Condições de entrega de acordo com requisitos de encomenda • Cumprimento das regras ambientais

O macroprocesso "gerir encomenda" é um macroprocesso elementar, pois já só contém um único objeto principal não auxiliar. Um processo elementar decompõe-se em atividades e estas em tarefas, como se pode observar nas Figuras 4 e 5.

As atividades constituem o primeiro nível dos processos elementares e, por definição, é um conjunto de tarefas necessárias para monitorar um ponto de controlo do processo elementar a que pertence.

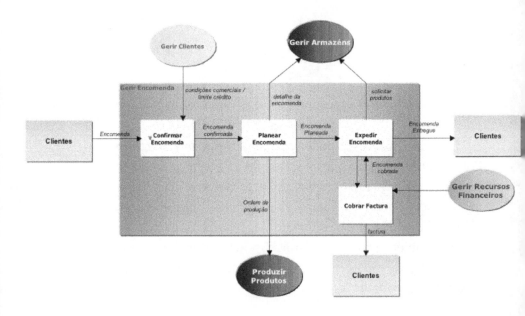

FIGURA 4. Modelo de atividades do macroprocesso "gerir encomenda"

No caso do macroprocesso "gerir encomenda", consideramos que um ponto de controlo importante corresponde ao momento em que se garante que uma encomenda está confirmada, antes de a fazer seguir para o planeamento do seu tratamento. Consideramos assim que existe uma atividade designada por "confirmar encomenda" que contém todas as tarefas a realizar desde o estado inicial da encomenda "encomenda recebida" até ao estado final "encomenda confirmada" e cujos atributos são ilustrados no Quadro III.

METODOLOGIA MLEARN

QUADRO III. Atributos da atividade "confirmar encomenda"

Finalidade	Objeto de Negócio	Estado Inicial	Estado Final	Critérios de Desempenho
Registar e confirmar os requisitos da encomenda	Encomenda	Encomenda recebida	Encomenda confirmada	• Tempo médio de confirmação de encomendas • Confirmação correcta de encomendas • Registo correcto no sistema

As tarefas a realizar no contexto da atividade "confirmar encomenda" são "validar encomenda" e "validar crédito". Todas as atividades têm objetivos cujos indicadores medem o desempenho entre os pontos de controlo correspondentes aos estados inicial e final do objeto.

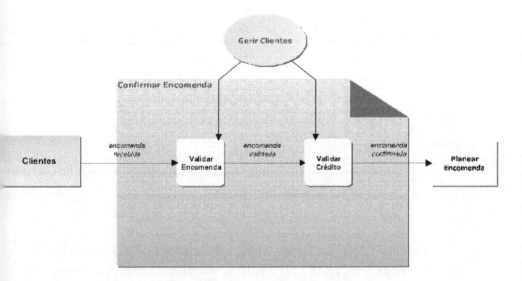

FIGURA 5. Modelo de tarefas da atividade "confirmar encomenda"

Para a tarefa "validar encomenda", podemos considerar os atributos apresentados no Quadro IV.

Quadro IV. Atributos da tarefa "validar encomenda"

Finalidade	Objeto de Negócio	Estado Inicial	Estado Final	Critérios de Desempenho
Registar e validar os requisitos de produto e condições comerciais da encomenda	Encomenda	Encomenda recebida	Encomenda validada	• Tempo médio de validação das encomendas • Validação correcta de encomendas

Em cada tarefa regista-se um conjunto significativo de informação, nomeadamente operações, instruções e regras, assim como valências profissionais, histórico da tarefa, responsável, como mostra a Figura 6 para o caso da Tarefa "validar encomenda".

```
1. Receber a encomenda
INPUT: Nota de encomenda (fax, email)

2. Registar encomenda no sistema
Instrução:
    Utilizar aplicação "Gestão de Encomendas"

3. Validar cliente e confirmar condições comerciais e de entrega
Passos:
    Verificar cliente
    Verificar produto
    Verificar quantidades e valores PVP

4. Alterar estado para encomenda validada
OUTPUT: Dossier de encomenda
```

Regras de negócio

• Os livros só podem ser encomendados por empresas cujo código de actividade económica que permita a comercialização de livros;

• Todas as encomendas de Produtos com Desconto do Tipo A cobram portes;

• Todas as encomendas superiores a €75,00, excepto de desconto do Tipo A, estão isentas de portes;

FIGURA 6. Operações da tarefa "Validar Encomenda"

A definição de todas as tarefas permite representar o ciclo de vida dos processos, através das diversas competências organizacionais envolvidas, conforme exemplificado na Figura 7 para o processo "satisfazer encomenda".

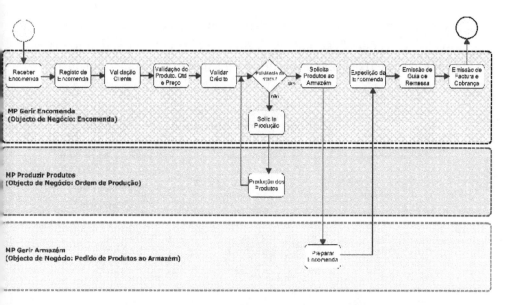

FIGURA 7. Fluxo de trabalho do processo "Satisfazer Encomenda"

Todos os macroprocessos têm de ser monitorados e controlados, pois cada um deles tem de contribuir para a concretização dos objetivos estratégicos. O passo seguinte é precisamente definir as preocupações, os objetivos e os indicadores dos macroprocessos, repetindo-se o modelo a cada nível e obtendo-se o desdobramento até às tarefas. É necessário assegurar a convergência dos objetivos de cada nível com os objetivos do nível superior, pois os primeiros são os fatores críticos de sucesso dos últimos. Conseguidos os objetivos de todas as tarefas, garantem-se os objetivos da atividade. Atingidos os objetivos de todas as atividades, concretizam-se os objetivos do macroprocesso. Alcançados os objetivos dos vários níveis dos macroprocessos, estão criadas as condições para cumprir os objetivos do negócio.

Com o auxílio dos objetos de negócio definidos antes, podemos agora definir os requisitos de informação e especificar os serviços sobre esses objetos. Um serviço representa ações a realizar sobre o objeto, como por exemplo "registar", "aprovar", "atualizar". Para cada objeto são definidos os atributos, por exemplo "código de cliente, nome de cliente e número de encomenda" para o caso do objeto de negócio "encomenda", e as relações entre eles, dando origem ao modelo de associação de objetos de cada tarefa, como ilustra a Figura 8.

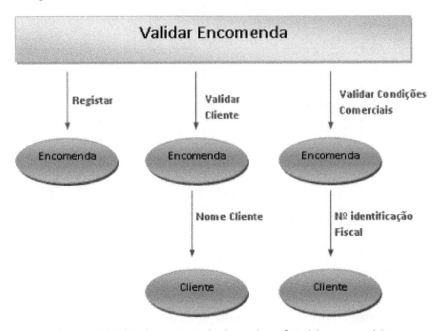

FIGURA 8. Modelo de associação de objetos da tarefa "validar encomenda"

Adicionalmente pode-se definir o diagrama de estados do objeto de negócio "encomenda", ilustrado na Figura 9, onde as setas entre os estados representam os serviços que provocam a mudança de estado respetiva.

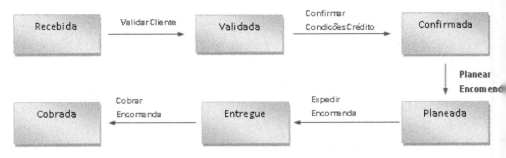

FIGURA 9. Diagrama de estados do objeto encomenda

A adoção do conceito de processo de negócio pelos sistemas de informação tem dado origem à implementação de arquiteturas de sistemas de informação orientadas aos serviços (SOA[2]) e à utilização de tecnologias baseadas na internet como os *webservices*[3] e o XML[4], bem como o surgimento de plataformas BPM[5] que permitem a automação dos processos de negócio (*workflows*, motores de execução de processos ou de regras de negócio).

5. CONSIDERAÇÕES FINAIS

As fundações para um bom desempenho de uma organização dependem de um estreito alinhamento entre os objetivos do negócio e as capacidades dos sistemas/ tecnologias de informação (SI/TI). Para alcançar este objetivo, a maior parte das empresas usa uma lógica razoavelmente simples. Primeiro, a gestão define a direção da estratégia; depois, as unidades de SI/TI, idealmente em conjunto com os responsáveis do negócio, desenham um conjunto de soluções SI/TI para suportar a iniciativa; finalmente, as unidades SI/TI entregam as aplicações, dados e infra-estruturas tecnológicas para implementar as soluções. O processo recomeça cada vez que a gestão define outra iniciativa estratégica.

Este processo tem pelo menos três inconvenientes. Primeiro, a estratégia não é muitas vezes suficientemente clara para agir. Generalidades como a importância de criar sinergias ou estar mais próximo do cliente são difíceis de implementar, levando a que as organizações criem soluções de SI/TI, em vez de capacidades de SI/TI. Segundo,

---

[2] SOA – Service Oriented Architecture.
[3] WebServices – solução utilizada na integração de sistemas e na comunicação entre aplicações diferentes. Com esta tecnologia é possível que novas aplicações possam interagir com aquelas que já existem e que sistemas desenvolvidos em plataformas diferentes sejam compatíveis.
[4] XML – eXtensible Markup Language. Linguagem universal que permite a comunicação entre diferentes sistemas de informação.
[5] BPM – Business Process Management.

mesmo que a estratégia seja suficientemente clara, a empresa implementa-a por partes nem sempre integradas, seguindo um processo sequencial. Cada iniciativa estratégica resulta numa solução de SI/TI separada, implementada numa tecnologia diferente. Terceiro, como os SI/TI estão sempre a reagir à última iniciativa estratégica, são sempre um "funil", ou seja, os SI/TI nunca passam a ser um ativo que determine as futuras oportunidades estratégicas.

A metodologia MLearn, com a sua modelação sistémica dos macroprocessos de negócio na perspetiva das competências organizacionais, assegura a operacionalização da respetiva estratégia com um envolvimento adequado dos utilizadores e garante que a especificação dos sistemas de informação traduz fielmente as necessidades do negócio. A introdução do conceito de objeto de negócio como elemento-chave na definição dos macroprocessos, garante que a organização se vá moldando em torno deste arquétipo, criando assim condições ótimas para que a definição dos sistemas de informação seja mais aderente à organização, na medida em que cada objeto contém toda a informação associada ao ciclo de vida do macroprocesso. A gestão dos sistemas de informação e a melhoria contínua beneficiam bastante duma abordagem por processos.

6. REFERÊNCIAS

COELHO, Jorge S. (2005). *Arquitetura da empresa centrada nos processos: o factor determinante para o alinhamento estratégico dos SI*. Edições Sílabo.

GREGOR, Shirley e HART, Dennis (2007). Enterprise architectures: enablers of business strategy and IS/IT alignment in government. *School of Accounting and Business Information Systems, Australian National University*. Disponível em *www.emeraldinsight.com/0959-3845.htm*.

Rumo a uma gestão integrada: estudo de caso de aplicação da metodologia MLearn

ANA SILVA, ISABEL FERNANDES E VASCO VASCONCELOS

RESUMO

Um dos grandes desafios que as empresas enfrentam atualmente é o de comunicar a toda a organização, de forma clara e inequívoca, a estratégia a seguir, monitorizando em permanência e com rigor a sua implementação.

A aplicação de uma metodologia de Gestão de Processos de Negócio (*BPM – Business Process Management*), através da sua abordagem integrada, sistémica e baseada em processos das organizações, permite às mesmas clarificar, comunicar e controlar de forma mais eficaz a estratégia a médio prazo.

Neste estudo de caso de uma empresa cuja atividade é a produção e comercialização de ferragens para construção civil, recorremos à metodologia MLearn para definir um modelo de funcionamento e melhoria contínua, numa perspetiva integrada e com orientação a processos e aos *stakeholders* e tendo por base o conceito de competências organizacionais.

A aplicação da metodologia MLearn a este estudo de caso, através da clarificação da visão, missão e estratégia, definição do modelo de competências organizacionais e modelação de partes do negócio em macroprocessos e processos, ajudou à desconstrução mental dos paradigmas tradicionais de gestão da empresa em causa.

A recomendação dos autores passa pela aplicação da metodologia aos restantes processos de negócio da empresa, de forma a garantir uma abordagem verdadeiramente sistémica e integrada.

Neste artigo apresentamos os passos mais relevantes e os resultados relativos ao estudo realizado.

1. INTRODUÇÃO

A definição da missão, visão e estratégia são três pilares-base que orientam o rumo que uma empresa deve seguir. Só a partir dessa definição se podem explicitar os objetivos a conquistar e desenvolver todo o plano de ação a seguir e, posteriormente, comparar os resultados obtidos com as metas estabelecidas.

Para que o processo de implementação da estratégia produza os resultados esperados, é imperativo que toda a organização conheça claramente o caminho que foi definido e as ações delineadas, de forma a dimensionar os recursos em concordância.

No entanto, a estratégia nem sempre é definida e comunicada de forma clara e explícita, um problema que afeta várias empresas, independentemente da sua dimensão ou ramo de atividade. A não clarificação do caminho a seguir no longo prazo, nem dos objetivos de curto prazo a conquistar, tornam difícil a prossecução da visão traçada, nem tão pouco ajudam a perceber as causas que poderão ter levado a resultados desviantes.

Algumas empresas vão colmatando alguns problemas identificados nesta área através de projetos normalmente de âmbito funcional restrito que atuam somente em processos de negócio isolados. Falamos de projetos de melhoria da qualidade, de comunicação interna, de controlo de gestão ou de reengenharia industrial, entre outros.

Apesar de louváveis, estas ações por si só de pouco servirão para concretizar a estratégia: cada área funcional procura melhorar a sua prática, com base em metodologias próprias, o que por sua vez aumenta o hermetismo funcional, e cria uma dificuldade de comunicação e integração com as restantes áreas.

Esta forma de atuação traduz-se frequentemente em redundância na intervenção organizacional, dado que a partilha de conhecimento gerado, conclusões obtidas e medidas implementadas não são partilhadas a nível interdepartamental e não servem a organização como um todo, condicionando a agilidade organizacional e, por conseguinte, a sua eficácia.

Esta situação é muitas vezes agravada pela falta de uma gestão profissionalizada, principalmente tratando-se de organizações familiares, como é o caso da empresa de ferragens para a construção civil que foi alvo de estudo. Se juntarmos a isso uma inexistente estrutura de controlo de gestão, uma estanquicidade departamental quase absoluta e uma linha orientadora não claramente definida, podemos facilmente perceber a dificuldade de concretização da estratégia.

2. VISÃO ORGANIZACIONAL INTEGRADA: A ABORDAGEM MLEARN

Pelo disposto no capítulo anterior, parece claro que algumas empresas necessitam de apoio externo na clarificação das grandes linhas orientadoras e detalhe do plano estratégico a seguir. Na sequência de práticas profissionais e académicas vividas por Jorge Coelho ao longo de cerca de vinte anos, surge, em 1998, a metodologia MLearn (Coelho, 2010). Parafraseando o autor, MLearn começou por ser um método, mas com o seu desenvolvimento adquiriu a estrutura de uma metodologia que permite a definição de vários métodos consoante o objetivo específico de cada projeto.

A metodologia encontra-se desenhada para apoiar as instituições na introdução e/ou reforço de um modelo de melhoria contínua, numa perspetiva integrada, orientada a processos e *stakeholders* e baseada no conceito de competências organizacionais.

A ideia de criar um referencial metodológico para intervir nas organizações resultou da constatação de que a grande maioria das abordagens oferecia uma orientação especializada em um ou alguns aspetos das organizações, e não uma perspetiva verdadeiramente integrada. Tal facto dificultava a sua posterior integração em cada organização, dificultando a geração dos benefícios inicialmente previstos com cada projeto.

2.1. Diferenças para as Metodologias Existentes

Segundo Coelho (2010) as abordagens conhecidas apresentavam dificuldades que não eram facilmente resolvidas. O *Balanced Scorecard* não apresentava uma solução para se integrar com os processos organizacionais e não ajudava a definir objetivos não partilhados, mantendo a diluição de responsabilidade e o sentimento de injustiça inerente ao facto de uns pagarem pelos outros. As abordagens da Qualidade não conseguiam dar uma resposta integrada ao controlo de gestão, à avaliação de desempenho e aos sistemas de informação em alinhamento com a estratégia, sendo difícil manter a sua atualização e portanto a sua utilidade efetiva. As abordagens de Reengenharia mantinham-se muito dirigidas para os processos, preocupadas com a otimização da utilização das tecnologias de informação e com dificuldades de alinhamento estratégico. As abordagens Estratégicas viviam com a dificuldade de garantir a implementação das orientações estratégicas por distanciamento corrente face à realidade operacional.

Impunha-se assim a criação de uma metodologia que oferecesse uma orientação *top down*, integradora, alinhada com a estratégia e com as tendências metodológicas mais recentes que ofereciam de facto contribuições importantes para o sucesso das organizações. A metodologia MLearn vem dar um contributo decisivo para resolver todas aquelas questões (Coelho, 2005).

2.2. Enquadramento Conceptual

Ao invés de romper claramente com as metodologias existentes, a abordagem MLearn acaba por ir buscar o que de melhor existe em cada uma delas, apoiando-se continuamente nos seus princípios, orientações e técnicas.

Do *Balanced Scorecard* adotou os princípios orientadores da clarificação da estratégia, desenvolvendo a sua integração com a arquitetura organizacional orientada a processos e serviços. Tal permite desdobrar os objetivos de forma independente do organigrama, dando estabilidade organizacional e um alinhamento eficaz a toda a empresa.

Da Qualidade Total vem a orientação da melhoria contínua, o cumprimento de requisitos, as não conformidades, o ciclo PDCA([1]) e algumas técnicas de melhoria. Da Reengenharia aproveitou várias técnicas e princípios, reforçando o alinhamento estratégico e a melhoria contínua.

Do controlo de gestão utilizou o carácter analítico no tratamento dos indicadores e todo o ciclo de controlo de gestão. Do custeio por atividades veio a geração de informação analítica para monitorizar as competências organizacionais, reforçando o alinhamento com a estratégia

Das teorias da gestão do conhecimento adotou as ideias de Nonaka relativas às transferências de conhecimento tácito em explícito e vice-versa, cuidando da gestão do conhecimento explícito e tendo presente a gestão do conhecimento.

Dos recursos humanos utilizou os princípios sobre liderança, motivação, gestão de competências, avaliação de desempenho e responsabilização, reforçando o alinhamento das competências e objetivos individuais pelas competências e objetivos organizacionais e ambos pela estratégia do negócio.

([1]) O ciclo PDCA, ciclo de Shewhart ou ciclo de Deming, é um ciclo de desenvolvimento que tem foco na melhoria contínua.

Do risco operacional vêm as preocupações com pontos de controlo e probabilidade de falha, reforçando o alinhamento estratégico dos riscos e das medidas de mitigação.

Das teorias sobre a estratégia adotou ideias sobre a análise SWOT, sobre a análise de *stakeholders* e sobre abordagens conducentes à implementação das orientações estratégicas. Da inovação retirou o espírito de fazer diferente de forma simples, reforçando a inovação organizacional como forma de potenciar a inovação nos processos, produtos e marketing. Do BPM (*Business Process Management*) e das Regras de Negócio aproveitou a orientação a processos e as ideias de monitorização, simulação, modelação, regras de negócio e orquestração de processos Coelho, (2005), Coelho (2005b), Garimella, e Williams (2008).

Este extensivo enquadramento conceptual confere à metodologia uma vantagem acrescida no que se refere à explicitação da estratégia e controlo da sua implementação, proporcionando uma visão organizacional abrangente e verdadeiramente integrada.

2.3. Objetivos e Resultados da Metodologia

Os resultados esperados da utilização da metodologia MLearn podem agrupar-se em duas grandes categorias.

Na temática da **eficácia organizacional** teremos resultados como uma maior garantia de implementação da estratégia de negócio, um melhor desempenho/eficiência e agilidade da organização, a contribuição para a criação de condições adequadas para a inovação na organização, e melhores condições de obter um nível elevado EFQM (*European Foundation for Quality Management*) de toda a organização.

No campo da **mudança organizacional** podem ser esperados resultados como novos comportamentos dos colaboradores (ou reforço desses comportamentos) orientados para o cliente e por objetivos, a criação de um quadro claro de responsabilização individual e organizacional, e a garantia da mudança de atitudes e de comportamentos.

Para assegurar aqueles resultados a metodologia procura:

- Dinamizar uma reflexão na organização numa ótica de terapia organizacional, habilitando os colaboradores a um olhar diferente sobre a organização;
- Facilitar a explicitação, comunicação e controlo da estratégia, conferindo agilidade organizacional, propondo uma abordagem *top down*, integrada, sistémica e orientada a processos/competências organizacionais;
- Ajudar a conceber e implementar um modelo de melhoria contínua suporte da aprendizagem organizacional assente numa arquitetura de competências organizacionais e na geração de consensos;
- Garantir o alinhamento estratégico integral da organização, nomeadamente os sistemas de informação, a avaliação de desempenho, a gestão do risco operacional, os sistemas da qualidade e o portfólio de projetos.

2.4. Conceitos-chave

A metodologia introduz alguns conceitos não habituais e que expomos em seguida de forma a facilitar a compreensão do capítulo seguinte:

- Competência organizacional – o que a organização tem de ser capaz de fazer para implementar a estratégia de negócio e assume a natureza de um sistema que presta serviços a outros sistemas ou a entidades externas.
- Macroprocesso – conjunto de recursos organizados em sistemas para assegurar o desempenho daquelas competências organizacionais. Trata-se de uma perspetiva estratégica do conceito de processo
- Processo – aqui considerado como um *workflow,* corresponde à camada inferior da arquitetura organizacional e tem o papel

de garantir a execução das competências organizacionais, traduzindo-se numa sequência de operações, instruções e regras necessárias para responder a um estímulo. Trata-se de uma perspetiva operacional do conceito de processo.

No que diz respeito à aplicação prática da metodologia esta apresenta igualmente algumas novidades, a saber:

- A intervenção nas organizações não se inicia pelo tradicional levantamento ou diagnóstico da situação atual (*as is*), mas pela conceção de um referencial organizacional (*ought to be*), desenvolvida em *workshops* com envolvimento de todos que orientará posteriormente o *as is*, sem condicionamento de vícios e rotinas, e a definição do *to be*;
- Os objetivos não são definidos por processo nem por pessoas, sendo antes definidos por competência organizacional. Os objetivos não são desdobrados pelo organigrama, mas pela arquitetura de competências organizacionais, sendo posteriormente atribuídos às unidades orgânicas e às pessoas;
- Os requisitos de informação não são identificados através de entrevistas aos utilizadores, mas a partir das competências organizacionais.

3. APLICAÇÃO DA METODOLOGIA: ESTUDO DE CASO

A empresa objeto de estudo tem como atividade a fabricação e comércio de ferragens para construção civil em latão, inox e alumínio e é, atualmente, uma das empresas líderes a nível mundial na produção de puxadores em latão para mobiliário e construção. Sediada em Portugal, tem atualmente filiais no Reino Unido, Holanda, Suécia, Espanha, França, Argentina, Austrália e Nova Zelândia, com um total de aproximadamente 400 colaboradores.

Opera exclusivamente em mercados B2B *(business-to-business)*, a saber:

- "Profissional": arquitetos, construtores, armazenistas e retalhistas de ferragens e materiais de construção civil;
- "Do it yourself" (faça você mesmo): trabalhando com as grandes superfícies de distribuição ligadas a bricolage (Aki, Leroy Merlin, Bricomarché, Izi, Castorama, entre outros).

As dificuldades vividas nesta empresa ao nível estratégico, conforme disposto no capítulo introdutório, fazem dela um exemplo perfeito para aplicação da metodologia MLearn. Assim sendo, e com a concordância da administração, propusemo-nos aplicar a metodologia de forma a avaliarmos as diferenças entre a situação vivida (*as is*) e a situação modelada (*ought to be*).

As principais etapas de aplicação da MLearn, ilustradas com recurso ao exemplo da empresa estudada, são descritas nos sub-capítulos seguintes.

3.1. Clarificação da Estratégia da Organização

Esta etapa procura clarificar a estratégia da empresa e definir as linhas gerais de orientação para a melhoria contínua e o controlo da implementação da estratégia. A estratégia de médio e curto prazo da empresa é traduzida em objetivos, indicadores e metas e num modelo de competências organizacionais (macroprocessos) e respetivas prioridades de intervenção, proporcionando um quadro orientador único e garantindo um entendimento eficaz do seu conteúdo.

3.1.1. *Clarificação da Missão e Visão da Empresa*

Por missão entende-se o propósito ou a razão de ser ou de existência da empresa, estabelecendo as balizas da sua atividade a longo prazo, comunicando, em termos gerais, o enquadramento da organização. A mudança de missão significa mudança de negócio, pelo que deve ter um grau de estabilidade significativo no tempo. A missão deve ser suficientemente ampla para permitir uma orientação estável ao longo do tempo, mas ao mesmo tempo suficientemente específica para dar uma ideia tão diferenciadora quanto possível dos propósitos da organização.

A visão traduz o estatuto que a empresa se propõe atingir a longo prazo. Não determina como a empresa irá trabalhar no futuro, mas descreve as suas características e qualidades futuras. Deve, assim, traduzir um estado ambicioso e desafiante, embora consensualmente passível de ser atingido no longo prazo.

Apesar de metodologicamente poderem ser definidas separadamente, a sua utilização deverá ser em conjunto: a missão e a visão em conjunto proporcionam uma leitura correta da mensagem. Aquando da descrição da missão e da visão de uma empresa dever-se-á escolher palavras precisas e que tenham uma interpretação única para todos os possíveis leitores. Além disso o texto deve ser breve para facilitar o entendimento e a memorização.

Assim, e tendo em conta todos os pontos descritos anteriormente, foram definidos, para a empresa em estudo, da seguinte forma:

Missão: Desenvolver, produzir e comercializar ferragens para a construção civil para um segmento médio-alto.
Visão: Ser a empresa europeia com maior volume de negócios.

3.1.2. Objetivos estruturantes (médio prazo) e seus indicadores

Para clarificar a estratégia de médio prazo é importante definir um conjunto mínimo de objetivos que traduzam claramente as orientações estruturantes para o desenvolvimento da empresa no período correspondente ao médio prazo. A metodologia designa estes objetivos por objetivos estruturantes ou de médio prazo, a que se associam indicadores estruturantes e metas estruturantes. Tendo presente que os objetivos deverão ser mensuráveis, o médio prazo deverá corresponder ao máximo período a que se possa associar indicadores mensuráveis. O máximo período justifica-se pela vantagem de aproveitar informação disponível sobre o período.

Os objetivos estruturantes traduzem as orientações a seguir para fazer evoluir a empresa na direção da visão. Vários caminhos serão possíveis, sendo que deverão ser escolhidos os que melhor traduzam a estratégia adotada de acordo com as motivações de melhoria base. Estas motivações subdividem-se em quatro grandes grupos: financeira, clientes e mercados, recursos humanos e sociedade. Para a definição dos objetivos estruturantes a metodologia sugere que por cada motivação de melhoria se clarifique a estratégia a seguir tendo em vista a visão, no âmbito da missão.

E para cada objetivo estruturante deverá ser definido um indicador estruturante e respetivos atributos. Cada indicador deverá medir completamente o progresso na direção do objetivo. Se existir mais do que um indicador significa que o objetivo tem impacto em mais do que uma linha de análise da empresa (risco, eficiência, crescimento, responsabilidade social, etc.), sendo que cada indicador deverá medir completamente o progresso na direção do objetivo por cada linha de análise.

Tendo em conta a missão e visão que definimos para a empresa em estudo, e assumindo um horizonte temporal para o médio prazo de 3 anos, identificamos na motivação "mercados e clientes", por exemplo, o objetivo "crescer nos clientes profissionais", medido através do indicador "aumento das vendas naqueles clientes".

3.1.3. *Modelo de contexto externo* (stakeholders *estratégicos*)

Após definição da missão e visão passamos à descrição do modelo de contexto externo que pode ser entendido como o conjunto de *stakeholders* estratégicos, entidades externas que condicionam a estratégia da empresa e que em simultâneo podem ser influenciadas por esta (clientes, fornecedores, concorrentes, colaboradores e acionistas), no sentido de conseguir facilitar a sua estratégia.

A modelação do contexto externo pretende conseguir uma representação única da empresa sendo a base para a construção da arquitetura de competências organizacionais. Vai também orientar a reflexão sobre o desempenho da empresa na gestão da sua interação com o seu contexto externo.

O modelo de contexto externo é diferente para cada empresa e traduz uma primeira imagem da importância relativa das diferentes entidades externas e do tipo de relação existente.

De seguida apresentamos o modelo de contexto externo que definimos para o nosso estudo de caso.

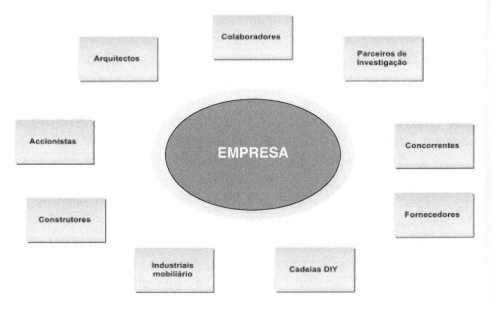

Figura 1. Modelo de contexto externo

Para concretizar a estratégia, a empresa terá de criar condições favoráveis junto dos *stakeholders* estratégicos. O que se pretende então é identificar quais as condições a assegurar para viabilizar a estratégia.

3.1.4. *Diagnóstico do desempenho da empresa (preocupações)*

A determinação das condições que se torna necessário assegurar para tornar a estratégia viável resulta de um conjunto de preocupações ou insatisfações da empresa relativamente à gestão das relações que mantém com todos os *stakeholders* estratégicos, já definidos anteriormente no modelo de contexto externo.

O conceito de preocupação introduz uma noção com impacto bastante significativo. Preocupação operacional, ou de primeiro nível, é uma insatisfação centrada na relação entre a empresa e um *stakeholder* estratégico, traduzindo um problema, um risco ou um desempenho insuficiente da organização face a oportunidades, que poderá colocar em causa ou não facilitar a implementação da estratégia.

Segundo a metodologia, as preocupações devem ser formuladas de forma a dependerem simultaneamente da vontade da organização e do *stakeholder* estratégico. Este aspeto é fundamental para garantir que esta se vai organizar de "fora para dentro", conduzindo à formulação de objetivos operacionais, que vão precisamente dar orientações sobre a gestão da relação com o *stakeholder*, na sequência das preocupações identificadas.

No caso da empresa em questão, identificamos, por exemplo, que vários clientes profissionais potenciais não conhecem a organização (preocupação operacional) e, por isso, um dos objetivos operacionais passaria por aumentar o conhecimento deste segmento relativamente aos produtos da empresa, de forma a suportar o objetivo estruturante referido no ponto 3.1.2.

Este exercício permite distinguir as questões a serem tratadas por cada nível de gestão proporcionando, em muitos casos, uma clarificação de responsabilidades com efeitos imediatos. As preocupações operacionais são então determinadas conduzindo a uma reflexão com base no cruzamento de cada stakeholder estratégico com os vários objetivos estruturantes. Trata-se de analisar cada *stakeholder* e perceber o que atrapalha ou não facilita a estratégia na relação com este (tabela 1).

TABELA 1. Matriz de cruzamento dos *stakeholders* estratégicos com as preocupações organizacionais

	Risco de perder oportunidades de negócio nas matérias-primas (metais)	Insuficiente relação qualidade-preço	Ineficaz presença nas cadeias de DIY	Clientes profissionais potenciais não conhecem a empresa	Insuficiente conhecimento por parte dos clientes profissionais actuais da gama de produtos	Insuficiente presença em segmentos de produto mais elevados	Insuficiente presença em mercados de elevado crescimento
Colaboradores							X
Parceiros de investigação					X		
Concorrentes		X					
Fornecedores	X						
Cadeias de DIY		X	X				
Industriais de mobiliário		X		X	X	X	
Constructores		X		X	X	X	
Accionistas							X
Arquitectos		X		X	X	X	

3.1.5. Modelo de competências organizacionais de 1.º nível

Tal como referido no subcapítulo 2.4, por Competência Organizacional a metodologia entende um conjunto de respostas que uma empresa tem de ser capaz de assegurar para garantir a implementação da estratégia, traduzindo "o que a empresa tem de ser capaz de fazer". Numa perspetiva sistémica, cada competência organizacional está associada a um conjunto de meios ou recursos, denominado Macroprocesso, que permite concretizar os respetivos objetivos.

As competências organizacionais principais são as que se encontram ligadas estreitamente à cadeia de valor da empresa e asseguram mais diretamente o negócio, desenvolvendo-o e dando resposta aos compromissos assumidos com os clientes. As competências organizacionais de suporte têm como finalidade criar condições para um bom funcionamento da empresa através da emissão de orientações ou fornecimento de recursos. Qualquer falha nas competências organizacionais principais é mais rapidamente percebida pelos clientes do que nas de suporte.

O Modelo de Competências Organizacionais de 1.º nível compreende o conjunto de competências desse nível e suas inter-relações com as entidades externas (figura 2). A construção do modelo de competências organizacionais de 1.º nível parte da identificação das competências organizacionais necessárias para implementar a estratégia da empresa. Para a identificação dessas competências começa-se por perceber quais os estímulos vindos dos acionistas e posteriormente segue-se a estratégia para responder aos oriundos dos clientes. Finalmente, haverá que assegurar que todos os estímulos recebidos de entidades externas têm competências organizacionais identificadas.

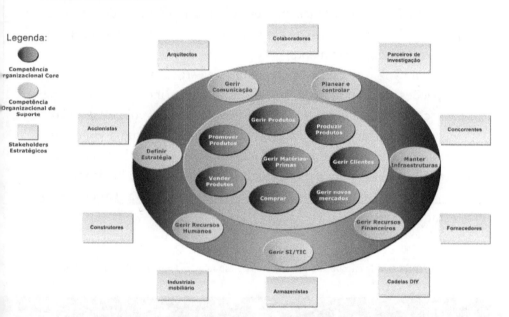

FIGURA 2. Modelo de competências organizacionais de 1.º nível

Esta primeira modelação, que posteriormente vai sendo refinada, só é considerada concluída quando todos os estímulos identificados tiverem uma competência organizacional definida para garantir a sua resposta e, por outro lado, todas as tarefas da empresa se encontrarem enquadradas nas competências organizacionais definidas.

No nosso estudo de caso identificamos competências principais como vender produtos, gerir matérias-primas e gerir clientes e competências de suporte como gerir recursos humanos ou gerir recursos financeiros.

O passo seguinte prende-se com a validação da consistência dos objectivos e indicadores definidos anteriormente, estabelecendo-se prioridades de melhoria de desempenho dos macroprocessos e das competências organizacionais que orientem a elaboração do plano de actividades da empresa e respectivo orçamento.

A validação da consistência dos objectivos e indicadores será realizada através da reflexão cruzada entre os objectivos e indicadores estruturantes e os operacionais e as competências organizacionais, com o auxílio de matrizes. De acordo com a metodologia, durante a validação de consistência procede-se em simultâneo à definição de prioridades orientadoras da elaboração do plano de actividades e do orçamento de investimento.

A matriz que cruza os *stakeholders* estratégicos com as preocupações operacionais já foi referida anteriormente. Uma matriz associada é a que cruza os objectivos estruturantes com os *stakeholders* estratégicos (tabela 2). Estas matrizes facilitam uma visão integrada da importância da relação da empresa com cada *stakeholder* estratégico, alertando para o actual estado de desempenho da mesma.

Apresentamos de seguida algumas matrizes ilustrativas do nosso estudo de caso.

TABELA 2. Matriz de cruzamento dos *stakeholders* estratégicos com os objetivos estruturantes

	A. Aumentar a rentabilidade	B. Assegurar crescimento do negócio	C. Crescer nos clientes bricolage	D. Crescer nos clientes profissionais	E. Penetrar em mercados de elevado potencial
Colaboradores					
Parceiros de investigação					x
Concorrentes		x			
Fornecedores	x				
cadeias de DIY		x	x		
Industriais de mobiliário		x		x	
Construtores		x		x	
Accionistas					
Arquitectos		x		x	

A matriz de cruzamento dos Objetivos Estruturantes com os Objetivos Operacionais (tabela 3) é construída com base nas relações já definidas anteriormente e ajuda a validar a definição dos próprios objetivos, além de contribuir para uma imagem mais integrada do impacto da estratégia.

TABELA 3. Matriz de cruzamento de objetivos estruturantes com objetivos operacionais

	1. Aproveitar oportunidades de negócio nas matérias primas (metais)	2. Garantir relação qualidade - preço	3. Aumentar eficácia da presença nas cadeias de DIY	4. Aumentar o conhecimento da empresa por parte dos clientes profissionais	5. Reduzidas sinergias com os parceiros de investigação
A. Aumentar a rentabilidade	3				
B. Assegurar crescimento do negócio					
C. Crescer nos clientes bricolage		2	3		
D. Crescer nos clientes profissionais		3		2	
E. Penetrar em mercados de elevado potencial		2			1
Peso dos objectivos operacionais nos objectivos estruturantes	2	3	1	2	1

Para cada objectivo estruturante procede-se à quantificação do contributo de cada objetivo operacional relacionado, numa escala de 1 a 3, sendo 3 o máximo. Há que validar em simultâneo se os objetivos relacionados com cada objetivo estruturante são os adequados para a sua viabilização.

Esta matriz pode ser trabalhada um pouco mais, procedendo à prioritização relativa dos objetivos estruturantes na mesma escala. Calculando a soma do produto de cada contributo constante na coluna de cada objetivo operacional pela prioridade de cada objetivo estruturante associado obtém-se uma ideia do peso do contributo de cada objetivo operacional para a estratégia a médio prazo. De forma a preparar esta informação para a elaboração de outras matrizes, convirá converter estes pesos obtidos para uma escala de 1 a 3. A leitura global dos pesos de todos os objetivos operacionais deverá traduzir o sentimento dos participantes de forma consensual.

A matriz de cruzamento dos Objetivos Operacionais com as Competências Organizacionais de 1.º nível constrói-se também com as relações já definidas anteriormente (tabela 4). Procede-se então a uma análise semelhante à realizada na matriz dos objetivos. As competências organizacionais que não ficarem relacionadas com objetivos operacionais deverão merecer uma reflexão sobre o seu contributo para a estratégia. Pode significar que apenas haverá que manter o seu desempenho normal, não sendo necessário qualquer esforço adicional.

TABELA 4. Matriz de cruzamento dos objetivos operacionais com os macroprocessos de 1.º nível

	1. Aproveitar oportunidades de negócio nas matérias primas (metais)	2. Garantir relação qualidade - preço	3. Aumentar eficácia da presença nas cadeias de DIY	4. Aumentar o conheciment o da empresa por parte dos clientes profissionais	5. Reduzidas sinergias com os parceiros de investigação	Prioridade
Gerir Matérias primas	3	3				3
Produzir produtos		3				2
Gerir Clientes			2	2		2
Gerir comunicação		3		2		3
Promover produtos			3	1		1
Gerir produtos						
Gerir novos mercados						
Peso dos objectivos operacionais nos objectivos estruturantes	2	3	1	2	1	

2.2 Arquitectura Organizacional

3.2.1. *Macroprocessos de 1.º nível e níveis inferiores*

Um macroprocesso pode ser visto como um conjunto de tarefas capazes de gerir a relação com uma ou mais entidades externas, ou outros macros processos, proporcionando a resposta adequada e completa aos estímulos trocados, introduzindo o valor acrescentado necessário para cumprir os seus objetivos.

O modelo de macroprocessos de primeiro nível encontra-se associado ao modelo de competências organizacionais de primeiro nível, e um macroprocesso pode assegurar várias competências organizacionais quando se verificar existirem sinergias na gestão dos meios necessários para a sua concretização. De acordo com a metodologia, para cada estímulo de uma entidade externa, a empresa deverá ter a capacidade de lhe responder adequadamente.

O mesmo procedimento observado para definição dos objetivos operacionais deve ser utilizado para clarificação dos objetivos para cada macroprocesso de 1.º nível: identificação das preocupações relativamente a objetivos operacionais para posterior definição dos objetivos e respetivos indicadores do macroprocesso de 1.º nível em análise.

Na empresa em causa definimos para o macroprocesso "gerir matérias-primas" objetivos como "garantir fornecimento de matérias-primas para a produção" e indicador "nível de stock mínimo" (figura 3).

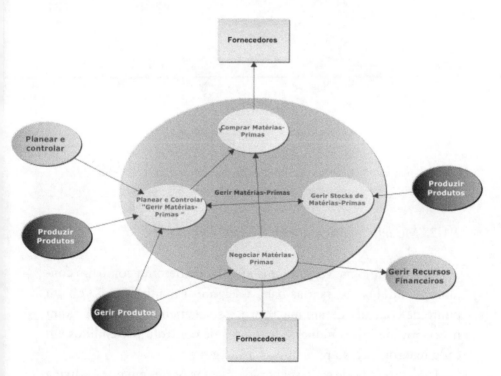

FIGURA 3. Modelação dos macroprocessos de 2.º nível de um macroprocesso de 1.º nível: Gerir matérias-primas

Cada macroprocesso pode ser decomposto em macroprocessos de níveis inferiores. E para um macroprocesso de nível inferior devem ser identificadas as preocupações relativamente a objetivos do macroprocesso de nível superior ao qual está ligado, seguindo-se a definição dos respetivos objetivos e seus indicadores, e assim sucessivamente para os diferentes níveis de macroprocesso.

No nosso estudo de caso definimos como macroprocesso de 2.º nível "comprar matérias-primas" com objectivos como "adquirir matérias-primas no *timing* adequado" e indicador "prazo de resposta a pedidos de matérias-primas" (figura 4).

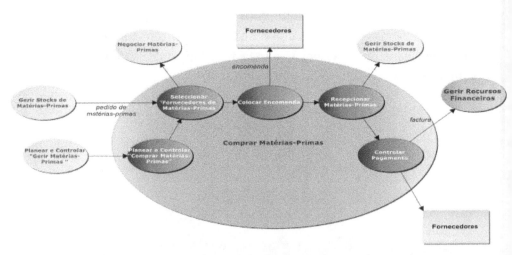

Figura 4. Modelação das atividades de um macroprocesso de 2.º nível

2.1.2. *Modelo de atividades e modelo de tarefas*

Na metodologia MLearn uma atividade é descrita como um conjunto de tarefas necessárias para assegurar a monitorização de um ponto de controlo de um macroprocesso elementar. Torna-se assim necessário definir o número de pontos de controlo pretendidos em cada macroprocesso para apoiar a sua gestão.

Uma tarefa pode ser vista como uma das partes em que se divide uma atividade para permitir uma melhor organização da utilização dos recursos necessários para suportar a sua gestão, na prossecução dos seus objetivos. Outra forma de percecionar o conceito de tarefa é considerá-la como a agregação de operações que pela sua natureza são passíveis de serem realizadas com apoio nos mesmos recursos e no mesmo espaço de tempo.

Assim, e na empresa em causa, poderíamos definir para a atividade "selecionar fornecedores de matérias-primas" (figura 5), parte integrante do macroprocesso de 2.º nível "comprar matérias-primas" e do macroprocesso de 1.º nível "gerir matérias-primas", tarefas como "selecionar fornecedores elegíveis de matérias-primas" e "pedir condições a fornecedores" (figura 6).

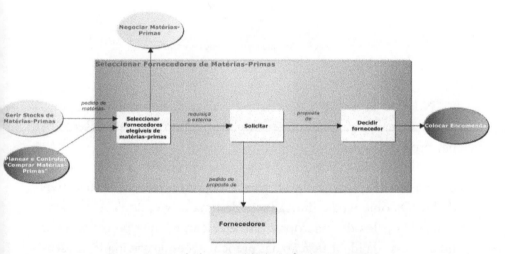

FIGURA 5. Exemplo de um modelo de tarefas de uma atividade

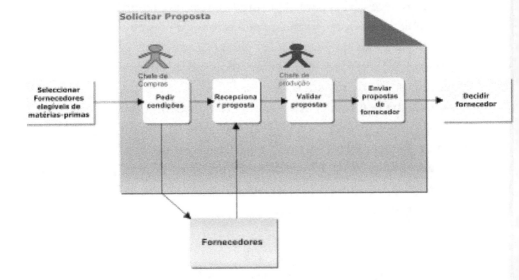

FIGURA 6. Exemplo de um modelo de tarefas

No caso da tarefa "Obter propostas" podemos ainda decompô--la em Operações, como por exemplo: Solicitar propostas, Rececionar propostas e Validar propostas.

A finalidade da modelação de tarefas é definir as componentes dos postos de trabalho a criar para assegurar a realização das atividades. Os objetivos e indicadores de uma atividade deverão estar alinhados pelos do macroprocesso elementar a que pertence. Para tal, parte-se da identificação das preocupações da atividade, no sentido de conseguir o consenso sobre o seu desempenho e auxiliar a definição dos seus objetivos, do mesmo modo que nos níveis superiores.

2.2. Definição de um processo

Em termos metodológicos segue-se a modelação de um cenário que posteriormente permitirá a definição de um processo. Um cenário é o conjunto de tarefas que permite responder a uma solicitação ou evento. Cada tarefa compõe-se de operações, instruções e regras. Um processo, de acordo com a metodologia MLearn, será então um conjunto de operações, instruções e regras pertencentes às tarefas de um cenário. Trata-se de um conceito semelhante à noção tradicional de processo tipo *workflow*. A vantagem reside na obtenção do desenho de um processo alinhado com a estratégia. Na figura 6 representamos um esquema simplificado de um cenário transversal à área de matérias-primas e que cruzará macroprocessos e competências organizacionais distintas: "gerir matérias-primas", "comprar" e "gerir recursos financeiros", por exemplo.

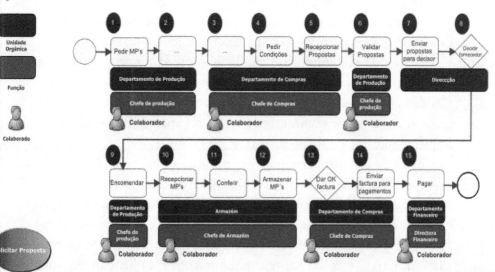

FIGURA 6. Exemplo de modelação de um processo

3. CONCLUSÕES

No capítulo anterior percorremos, de forma resumida, a lógica e principais etapas da metodologia MLearn, que procuramos ilustrar com o estudo de caso, destacando conceitos inovadores que a metodologia introduz como o de competência organizacional ou macroprocesso.

A metodologia auxilia à clarificação da estratégia de médio e longo prazo e consequente definição de prioridades de ação de curto prazo, numa perspetiva verdadeiramente integrada. Adicionalmente, conta com a participação da administração e de responsáveis de diferentes áreas funcionais da empresa numa reflexão conjunta que não só garante comprometimento, mas também se procura que seja o mais imparcial possível em relação à estrutura organizativa e funções desempenhadas por cada participante.

Conforme tínhamos descrito no capítulo introdutório, é necessário que toda a organização conheça claramente o caminho que foi definido, e as ações delineadas, para que o processo de implementação da estratégia produza os resultados esperados.

No entanto, uma das grandes dificuldades de aplicação da metodologia MLearn prende-se com a disciplina que ela exige da administração e da restante estrutura da empresa. É imperativo que se proceda à desconstrução mental dos paradigmas tradicionais de gestão das empresas, modelando toda a organização de uma forma integrada e sistémica, garantindo a real clarificação, comunicação, implementação e controlo da estratégia definida.

O estudo de caso permitiu-nos levar a cabo uma simulação prática da aplicabilidade da metodologia e resultados obtidos versus o status quo. Comprovamos, tal como antecipávamos, que uma empresa com o estilo de gestão como aquela que estudamos, agravado por questões muitas vezes inerentes à administração de empresas familiares, tem bastante a ganhar com a aplicação de uma metodologia que ajude no processo de clarificação estratégica e sua implementação. Assim sendo, a nossa recomendação passaria pela aplicação da metodologia aos restantes processos de negócio da empresa, de forma a garantir uma abordagem verdadeiramente sistémica e integrada.

4. REFERÊNCIAS

AMARAL, L., MAGALHÃES, R., CAMPOS MORAIS, C., SERRANO, A., ZORRINHO, C. (2005), *Sistemas de Informação Organizacionais*, Lisboa: Sílabo.

COELHO J. S. (2010), *Manual da metodologia MLearn – Parte I Modelo Referencial Estratégico (Ought to Be)*, SisConsult.

COELHO, J. (2005) BPM and Continuous Improvement, In Fingar, P., *In search of BPM excellence*, Tampa, US: BPMG ISBN 0-929652-40-1.

COELHO, J. (2005b). *Arquitetura da empresa centrada nos processos: o factor determinante para o alinhamento estratégico dos SI*, In Luis Amaral e outros.

GARIMELLA, K., LEES, M. e WILLIAMS B. (2008), *BPM Basis for Dummies*, Wiley Publishing Inc.

NONAKA, I. e TAKUCHA H. (1995), *The Knowledge-Creating Company*, Oxford University Press USA, 7.ª ed.

Simulação de processos de negócio em telecomunicações

JOÃO PAULO BAPTISTA

RESUMO

O objetivo da gestão de processos de negócio é criar e implementar processos eficientes, com custos otimizados e resultados eficazes. Na indústria das telecomunicações em particular, os processos de negócio são muito complexos e dinâmicos, pois dependem fortemente das mudanças tecnológicas, das políticas emanadas pelos reguladores e de um mercado muito competitivo. Em muitos casos os processos não são suficientemente analisados antes de entrarem em exploração, ou o seu desenho é condicionado pelas plataformas onde são implementados, resultando em operações ineficientes. Mas como desenhar processos eficientes? Como identificar qual o melhor processo antes de o implementar? Como saber que recursos são necessários para executar o processo ou onde surgirão estrangulamentos na sua execução? A simulação tem sido usada no sector das telecomunicações para melhorar o desempenho dos processos, para avaliar novas ideias e para planear recursos operacionais. A criação de um ambiente de simulação permite experimentar, identificar e corrigir estrangulamentos.

Este artigo aborda, em termos genéricos, a modelação e simulação de processos de negócio e os sistemas computorizados que suportam estas operações. A apresentação do ciclo de provisão de um serviço de telecomunicações e de um caso de aplicação real exemplificam a sua utilização na indústria das telecomunicações.

1. INTRODUÇÃO

Os operadores de telecomunicações fixas e móveis enfrentam uma pressão competitiva crescente despoletada pela globalização contínua e pelo desenvolvimento de novas tecnologias. Este contexto tem levado à necessidade de minimizar ineficiências e desperdícios, maximizando ao mesmo tempo a flexibilidade e velocidade dos processos e sistemas para oferecer novos serviços aos seus clientes no menor *time-to-market* possível.

Estas organizações mantêm uma especial atenção nos processos de negócio por diversas razões: eles ajudam a ver as organizações de uma perspetiva holística e dinâmica, encorajam as organizações a focar-se nos clientes e revelam a necessidade de desenvolver mecanismos flexíveis e que respondam às constantes mudanças das necessidades dos clientes. Para além disso, a atenção nos processos de negócio permite às organizações focarem-se nos mecanismos necessários para fazer as coisas acontecer e encontrarem meios para os melhorar. De acordo com Garvin (1998), a atenção nos processos de negócio introduz um nível intermédio de análise das organizações – os processos de negócio são a ligação que permite a estas passar da intenção à ação, da visão estratégica para a execução operacional.

2. MODELAÇÃO DE PROCESSOS

A modelação de processos de negócio tem emergido como área importante de investigação e aplicação no desenho das organizações e dos sistemas de informação. Os modelos de processos de negócio podem ser usados num vasto número de aplicações, por exemplo para orientar a análise estratégica organizacional, melhorar os processos existentes, elaborar requisitos e especificações de sistemas de informação, ou suportar execuções automáticas ou semiautomáticas de processos, os também designados *workflows*. A modelação facilita a compreensão e a comunicação humana, a gestão dos processos de negócio, assim como a gestão de recursos e dos próprios projetos de renovação (BPR([1])). A necessidade de lidar com processos de negócio tem causado um crescente surgimento de técnicas e ferramentas de modelação para a sua identificação, modelação e análise. Várias técnicas e ferramentas permitem representar diferentes perspetivas de modelação dos processos de negócio, de acordo com o propósito e objetivos pretendidos (Figura 1).

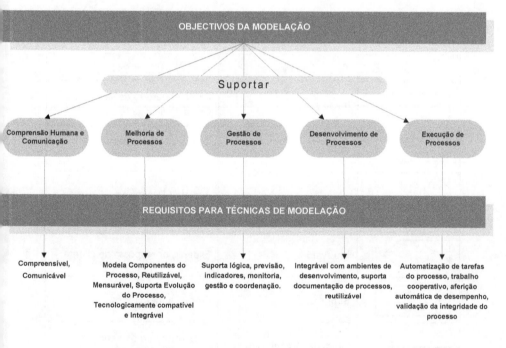

FIGURA 1. Objetivos da modelação dos processos de negócio

([1]) Os *Business Process Renovation* podem ser considerados mudanças organizacionais contínuas, em que as organizações mudam e melhoram os seus modelos de negócio, estratégias e objetivos.

Os mapas de processos são uma das técnicas mais comuns usadas para a modelação. A técnica é baseada em *flowcharts* e uma das suas mais importantes vantagens, sobretudo numa fase inicial do projeto de definição do processo de negócio, é o modelo ser facilmente entendido por todos. Os mapas de processos foram inicialmente desenvolvidos e implementados pela General Electric como parte da sua estratégia para melhorar significativamente o desempenho do seu negócio (Boehringer, 2003).

Hoje em dia os *flowcharts* são muito úteis como meio de comunicação gráfico e simples, suportando descrições compreensivas dos processos. Alguns dos símbolos mais comuns usados para modelar processos de negócio são os três primeiros apresentados na Tabela 1. Os mapas de processos disponibilizam informação mais

TABELA 1. Símbolos BPM[1]

Símbolo	Significado	Exemplo
	Início / Fim	Recebe relatório de vendas Chegada de cliente
	Atividade	Confirma mercadoria Emite factura de cliente
	Ponto de decisão	Aprova / Desaprova Aceita / Rejeita
	Intervalo	Espera por resposta de cliente
	Subprocesso	Embarca mercadoria
	Unidade Organizacional	Departamento de Vendas Marketing
	Fluxo do Processo	

[1] BPM – Business Process Management

completa do que um simples *flowchart*, pois são enriquecidos com informação como o tempo de execução dos processos, os recursos (humanos, materiais e equipamentos), responsáveis (funções ou departamentos), *inputs*, *outputs*, etc.

Os processos de negócio necessitam de ser analisados e diferentes cenários têm de ser avaliados para suportar a sua implementação ou melhoria. Nos projetos de reengenharia os métodos de mudança de processos (BPC[2]), combinando a modelação de processos de negócio com a análise do seu desempenho, são uma das abordagens possíveis que podem ser usadas na análise dos processos existentes e na avaliação dos processos redesenhados. A simulação é um valioso mecanismo para a avaliação qualitativa e quantitativa dos processos de negócio. A simulação facilita a experimentação e o estudo de múltiplas perspetivas da organização e contribui para elevar a qualidade das decisões.

3. SIMULAÇÃO DE PROCESSOS DE NEGÓCIO

Encontram-se na bibliografia diferentes definições para o significado de processo de negócio, todas elas tendo aspectos comuns. A maior parte dos autores concorda que o processo de negócio tem clientes internos e externos e tem que produzir um *output* para eles. Os processos de negócio são decompostos em passos elementares (atividades), executados de acordo com determinadas regras. Durante a sua execução, as atividades têm que ser coordenadas (orquestração) e os recursos têm que ser provisionados onde e quando forem necessários. Um processo de negócio tem de ser descrito de forma a especificar que atividades têm de ser executadas, em que ordem e que recursos são necessários para a execução dessas atividades.

As técnicas e ferramentas usadas na modelação de processos de negócio, na avaliação do seu desempenho, na experimentação de configurações alternativas e na comparação de diversas propostas,

---

[2] BPC – Business Process Change

dependem do desenho da organização. A simulação de processos de negócio, pela introdução de aspectos dinâmicos, adiciona valor na compreensão, análise e desenho dos processos; potencia a passagem de um modelo estático para um modelo de processos dinâmico. A simulação computorizada de modelos de processos de negócio pode ajudar a reduzir a complexidade inerente ao estudo e análise das organizações e contribuir para uma melhor compreensão e desenho das estruturas organizacionais.

A simulação é geralmente definida como sendo um conjunto de técnicas matemáticas e de programação para representar modelos estocásticos e executar testes sobre estes modelos, utilizando computadores. É um conjunto de técnicas do domínio das metodologias de análise que envolvem métodos de extração de informação a partir do modelo, pela observação do seu comportamento.

Há alguns requisitos de modelação específicos para a simulação assistida de processos de negócio:

- Os processos necessitam de ser formalmente modelados e documentados.
- A modelação deve ter em consideração a natureza estocástica do processo de negócio, tanto mais quanto mais são influenciados por factores externos.
- Há necessidade de avaliar quantitativamente o valor das alternativas propostas.
- A avaliação é altamente dependente dos objetivos particulares do estudo.
- As ferramentas de modelação devem ser simples de usar para permitir que os utilizadores do processo de negócio sejam envolvidos no processo de modelação.

Assim, a modelação é uma técnica que usa um modelo para fazer predições sobre um sistema ou um processo (Harmon, 2003).

A técnica mais apropriada para a simulação de processos de negócio, implementada na maioria do *software* de simulação de processos, é a simulação discreta de eventos (Seila *et al.*, 2003). Na simulação discreta, a operação de um sistema ou processo é representada por uma sequência cronológica de eventos. Cada evento ocorre num determinado momento do tempo e marca uma mudança de estado no processo (por exemplo, a chegada de um novo cliente). A simulação discreta de eventos assistida por computador assenta numa representação do processo para que possa ser persistente, repetida, analisada dinamicamente e reconfigurada em cenários alternativos.

A simulação pode servir como uma ferramenta para obter conhecimento sobre os processos existentes, para aumentar a compreensão sobre a forma como os processos são executados e identificar as fontes de problemas observados durante a execução do processo. A simulação oferece um conjunto alargado de possibilidades de análise, como tempos, custos ou recursos. Pode ajudar os gestores na priorização de ações de melhoria e na tomada de decisões de alocação de recursos. Pela introdução de parâmetros dinâmicos como tempos, volumes, capacidades e custos, a simulação facilita a análise do desempenho do processo e fornece informação sobre os estrangulamentos e tempos de espera. A avaliação quantitativa do desempenho dos processos, permite identificar pontos fracos e oportunidades de melhoria, compará-los entre si e estabelecer *benchmarks*. Quanto mais consistente for um processo, mais previsível este se torna e, consequentemente, melhor será o seu desempenho e estabilidade.

A simulação suporta os passos de modelação e implementação dos processos de negócio, ilustrados pelas áreas a cinza na Figura 2.

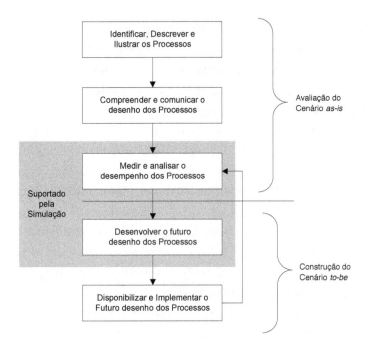

FIGURA 2. Principais passos na simulação de processos de negócio

A modelação e simulação de um processo de negócio ajuda os participantes a adotarem uma perspetiva orientada para o processo, a compreender a sua contribuição para o resultado e a refletir sobre as interações existentes.

4. OS SISTEMAS DE SIMULAÇÃO DE PROCESSOS DE NEGÓCIO

A simulação computorizada dos processos de negócio necessita de informação sobre os processos. Os sistemas legados das organizações contêm valiosas informações sobre métricas dos processos e regras de negócio, residentes em diversas bases de dados.

Um sistema computorizado de modelação e simulação de processos de negócio deverá dispor de um repositório de conhecimento que combine múltiplos tipos de informação sobre os processos

(Figura 3). Este repositório será partilhado por todos quantos dele necessitem, com permissões de acesso adequadas ao seu perfil de utilização.

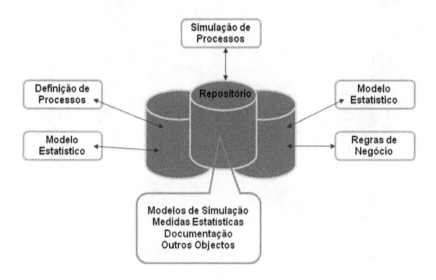

FIGURA 3. Repositório de informação sobre processos

A arquitectura de um sistema de modelação e simulação de processos de negócio (Figura 4) deverá incluir *interfaces* que permitam ao utilizador fazer a modelação e definição de processos, a sua análise estatística e a exportação de dados para outros sistemas (por exemplo, computadores pessoais).

A modelação permite ao utilizador visualizar o processo, tornando mais fácil compreender o processo, comunicar a sua estrutura e dinâmica e realizar a sua validação.

A simulação dinâmica dos processos permite "dar-lhes vida", analisar cenários *what-if*, obter previsões de custos e desempenhos e validar processos mais facilmente. Auxilia a tomada de decisão, a alocação de esforço aos recursos, a escolha das regras de negócio a empregar e a consolidação dos processos de negócio.

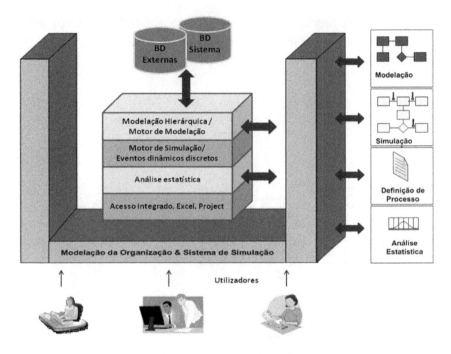

FIGURA 4. Arquitetura de um sistema de simulação de processos de negócio

Como já antes foi referido, a modelação dos processos de negócio é também muito útil para a definição das arquitecturas dos sistemas e tecnologias de informação, com o objetivo de encontrar o desejado alinhamento entre as necessidades do negócio e os sistemas de informação que as suportam.

A adoção do conceito de processo de negócio pelos sistemas de informação tem dado origem à implementação de arquitecturas de sistemas de informação orientadas aos serviços (SOA([3])) e à utilização de tecnologias baseadas na Internet como os *WebServices*([4]) e o

---

([3]) SOA – Service Oriented Architecture.

([4]) WebServices – solução utilizada na integração de sistemas e na comunicação entre aplicações diferentes. Com esta tecnologia é possível que novas aplicações possam interagir com aquelas que já existem e que sistemas desenvolvidos em plataformas diferentes sejam compatíveis.

XML([5]). Tem também originado o surgimento de plataformas BPM([6]) que permitem a automação dos processos de negócio através de *workflows* ou de motores de execução de processos ou de regras de negócio. Na Figura 5 é ilustrado, como exemplo, o ciclo de provisão de um serviço de telecomunicações numa plataforma BPM.

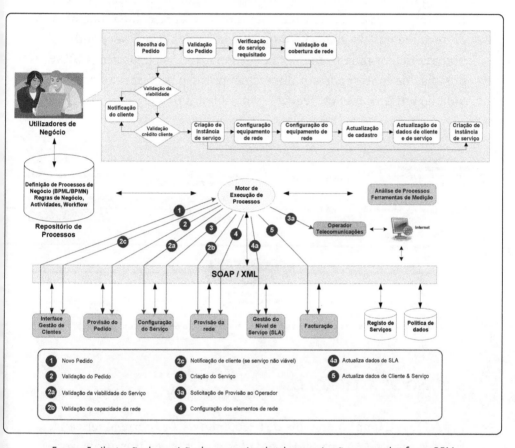

FIGURA 5. Ilustração da provisão de um serviço de telecomunicações numa plataforma BPM

([5]) XML – eXtensible Markup Language. Linguagem universal que permite a comunicação entre diferentes sistemas de informação.
([6]) BPM – Business Process Management.

Neste exemplo, podemos observar o papel do motor de execução de processos (*Process Execution Engine*) na orquestração das diferentes atividades necessárias à provisão do serviço, passando pela recolha do pedido, configuração do serviço e terminando no envio de informação para o sistema de faturação (*ready for billing*). Na Figura 5 pode também observar-se um repositório de processos, que inclui a definição de todos os processos e regras de negócio, atividades e respetivos ciclos de vida. Está também representada uma área de ferramentas de análise e monitorização dos processos, onde se poderia incluir uma ferramenta de simulação. As plataformas BPM dos dias de hoje suportam directamente todas as fases do ciclo de vida de um processo de negócio (ver a Figura 6).

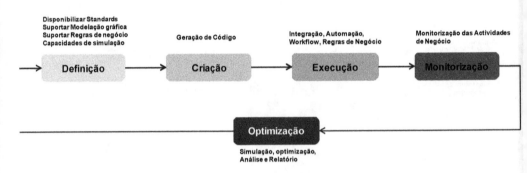

Figura 6. Impacto das plataformas BPM nas fases do ciclo de vida de um processo

5. CASO DE APLICAÇÃO

A Qwest, uma companhia de telecomunicações norte-americana, fornece serviços de voz, vídeo e dados a clientes empresariais, residenciais e pequenos negócios. Em determinada altura da sua existência, as suas operações de aprovisionamento experimentaram dificuldades significativas na automação e documentação dos seus processos, resultando em ineficiências e perda de oportunidades de negócio. Estes processos incluíam recolha de pedidos, gestão de ordens, gestão de preço e de ofertas, distribuição de trabalho e outros processos e atividades interdepartamentais. O seu sistema de suporte às operações (OSS[7]) não era flexível nem ágil e tinha grandes falhas de automação e uniformização de processos. O que existiam eram pequenas ilhas automatizadas, ligadas entre si por processos manuais. Os tempos de espera das ordens (atraso do trabalho devido a informação incompleta ou insuficiente, ou retrabalho devido a informação errada) e os ciclos de vida (tempo total para conclusão de um processo) eram inaceitáveis. Muitos colaboradores estavam a fazer trabalho manual, não monitorizado, nem medido.

Em resposta, a Qwest criou um centro de excelência de processos de negócio com uma equipa de projeto exclusivamente dedicada a documentar e criar um repositório de processos. Este centro passou a colaborar com cada um dos departamentos de operações, para implementar uma plataforma BPM que integrasse e uniformizasse os processos, facilitando a gestão da mudança.

A companhia usou inicialmente os dados que possuía para modelar os processos e estabelecer métricas de referência. A partir daí, distribuiu ferramentas de modelação e simulação pelos diferentes departamentos e estimulou-os a identificar e justificar alterações nos processos de negócio, antecipando resultados.

Como resultado, utilizando os dados existentes e as ferramentas de simulação da plataforma BPM, a Qwest é hoje capaz de justificar a necessidade de mudança dos processos de negócio, evidenciando através da simulação o aumento de agilidade e demonstrando como pequenas alterações incrementais podem ter um impacto relevante na eficiência das suas operações (Forrester, 2008).

6. FERRAMENTAS DE SIMULAÇÃO DE PROCESSOS DE NEGÓCIO

Existem no mercado várias ferramentas que, entre outras funcionalidades, permitem modelar e simular processos de negócio. Destaco algumas das mais conhecidas:

---

[7] Operational Support System.

- ARIS Business Simulator (*http://www.ids-scheer.com/en/ARIS/ARIS_Software*) que dispõe do motor de simulação L-Sim do Lanner Group.
- ARENA (*http://www.arenasimulation.com*) que dispõe da possibilidade de criar e monitorizar simulações animadas em três dimensões.
- TIBCO Business Studio (*http://www.tibco.com*)

Estes produtos, para além das funcionalidades de modelação e simulação de processos de negócio, constituem-se também como plataformas tecnológicas com capacidade de orquestração da execução de processos de negócio e integração de aplicações.

7. CONCLUSÃO

O objetivo da gestão de processos de negócio é criar e implementar processos de alta qualidade a custos eficientes, Mas como desenvolver processos eficientes? Como identificar quais os melhores processos antes de serem implementados? Como saber que recursos são necessários para executar um processo ou onde se verificarão estrangulamentos durante a sua execução dado um determinado nível de recursos? As ferramentas de simulação de processos de negócio permitem fazer análises dinâmicas aos processos organizacionais e às estruturas operacionais. A simulação evidencia as fraquezas dos processos de negócio e auxilia a implementação de processos mais eficientes. A identificação e utilização de indicadores-chave de desempenho (KPI[8]) permitem que sejam avaliados cenários alternativos e que sejam identificados os melhores processos.

As empresas que dispõem da capacidade de monitorar e simular os seus processos de negócio revelam um grau de maturidade que lhes permite focarem-se no *core business* da sua atividade, operar de uma forma mais eficiente e competir com mais eficácia nos mercados em que atuam.

---

[8] KPI – Key Performance Indicator.

REFERÊNCIAS

BOEHRINGER, B. (2003). *Process mapping: How to streamline and reengineer business processes, Outline of seminar on Process Management*, University of Virginia, Charlottesville, VA.

FORRESTER RESEARCH, Inc (2008), *Case Study: Qwest Uses Process Simulation To Move At The Speed Of Business Change*, por Colin Teubner

GARVIN, D. A. (1998). *The process of organisation and management*, Sloan Management Review, 39, 33-50.

HARMON, P. (2003). *Business process change: A manager's guide to improving, redesigning and automating processes*, San Francisco: Morgan Kaufmann Publishers.

SEILA, A.F., CERIC, V., & TADIKAMALLA, P. (2003). *Applied simulation modelling*, Southbank, Australia: Thomson Learning.

ÍNDICE

PREFÁCIO 7

A NOVA BOLA DE CRISTAL? 11

Parte I
PESQUISA DE MERCADOS E *DATA MINING*

PESQUISA DE MERCADOS
COORD. FERNANDA O. FIGUEIREDO, RITA SOUSA, PEDRO CAMPOS
E PEDRO QUELHAS BRITO. 15

    Amostragem num contexto de pesquisa de mercado
    ANA SILVA, VASCO VASCONCELOS E JOÃO LEITE 17

    Dois casos de estudo em Pesquisa de Mercados: *couchsurfing* e
    duct tape marketing
    JOSÉ PEDRO ALBA, PEDRO SANTOS, PEDRO FLEMMING
    E NUNO MANARTE. 25

    Novas Tendências e Desafios na Pesquisa de Mercados
    ANA SILVA. 55

DATA MINING* PARA *BUSINESS INTELLIGENCE
COORD. CARLOS SOARES 75

Mineração de Dados
CARLOS SOARES E ANDRÉ C.P.L.F. CARVALHO   77

Projeto *Crystal Ball*: o *Data Mining* ao serviço da estratégia do negócio
ANA SILVA, GISELA ALMEIDA, JOÃO PAULO BAPTISTA,
JOÃO PEDRO LEITE E CARLOS SOARES   95

Segmentação de Clientes e Regras de Associação: uma aplicação de *Data Mining* no mercado farmacêutico
BRUNO AUGUSTO, ISABEL FERNANDES, JOÃO GASPAR,
SÉRGIO PINTO E CARLOS SOARES   117

PARTE II
SISTEMAS DE INFORMAÇÃO
E PROCESSOS DE NEGÓCIO

SISTEMAS DE INFORMAÇÃO
COORD. JOÃO VARAJÃO E FERNANDO MOREIRA   153

Função Sistemas de Informação nas organizações – realidade, desafios e oportunidades do uso de arquiteturas empresariais
JOÃO PAULO BAPTISTA, JOÃO VARAJÃO E FERNANDO MOREIRA .   155

Engenharia Social (ou o carneiro que afinal era um lobo)
RICARDO PAIS, FERNANDO MOREIRA E JOÃO VARAJÃO   171

Sistemas de informação e a tomada de decisões: Estudos de caso sobre a inteligência de mercado e a gestão de marketing
GEORGE JAMIL   189

PROCESSOS DE NEGÓCIO
COORD. JORGE COELHO E PAULO GARRIDO   205

O que é o BPM – antecedentes e objetivos
GART CAPOTE   207

Metodologia MLearn – Do desenho da Arquitetura Organizacional ao alinhamento estratégico do negócio e dos sistemas de informação
JOÃO PAULO BAPTISTA, RUI COSTA E TIAGO SOEIRO   229

Rumo a uma gestão integrada: estudo de caso de aplicação da metodologia MLearn
ANA SILVA, ISABEL FERNANDES E VASCO VASCONCELOS   247

Simulação de processos de negócio em telecomunicações
JOÃO PAULO BAPTISTA   273

Lista de Autores

André C. Ponce de Leon F. de Carvalho é Professor Titular do Departamento de Ciências da Computação da Universidade São Paulo e Coordenador do Núcleo de Apoio a Pesquisa em Aprendizado de Máquina em Análise de Dados da Universidade São Paulo. É bolsista de produtividade em pesquisa do CNPq. Suas principais áreas de interesse são Aprendizado de Máquina, Mineração de Dados e uso de suas técnicas nas áreas de Finanças, Indústria, Meio Ambiente e Bioinformática.

Ana Silva nasce no Porto em 1977. No ano de 1995 ingressa na Faculdade de Economia da Universidade do Porto onde conclui, em 2000, o curso de Gestão. Dois anos após o início da sua carreira profissional complementa a sua formação com uma Pós-Graduação em Marketing no IPAM em Matosinhos, especializando-se em E-Marketing. Em 2009 conclui a Pós-Graduação em Gestão de Informação e Marketing Intelligence na Porto Business School, onde desenvolve um particular interesse pelo impacto da Web 2.0 no mundo empresarial. Actualmente é responsável pela área de Competitive Intelligence num grande grupo industrial com sede em Portugal.

Bruno Augusto é actualmente Country Manager Brasil na Adclick, Lda., em São Paulo. Previamente foi co-fundador e CEO da Practical Way Software, Portugal S.A., uma *spin-off* da Universidade do Porto. Foi também programador na Accenture Technology Solutions. É licenciado em Engenharia pela Universidade do Porto e pós-graduado em Gestão de Informação em Marketing Intelligence pela Porto Business School. Tem também o grau de Mestre em Gestão Comercial pela Faculdade de Economia do Porto.

Carlos Soares é licenciado em Engenharia de Sistemas e Informática pela Universidade do Minho e tem mestrado em Inteligência Artificial e doutoramento em Ciência de Computadores pela Universidade do Porto. Depois de 15 anos na Faculdade de Economia da Universidade do Porto, é agora Professor Associado na Faculdade de Engenharia da mesma universidade. Carlos também leciona na PBS (Porto Business School) e é supervisor de pós-graduação da Universidade de São Paulo. É investigador do INESC TEC, com interesses em Data Mining, Business Intelligence e Computação Evolucionária e já participou em mais de 20 projetos nacionais e internacionais de I&D, bem como projetos de consultoria. Publicou e coordenou vários livros e mais de 40 artigos em revistas e conferências nas principais editoras, das quais mais de 30 são indexados pelo ISI. Foi agraciado com o Prémio de Mérito Científico e de Excelência da Associação Portuguesa para a Inteligência Artificial.

Fernanda Otília de Sousa Figueiredo é licenciada em Matemática pela Faculdade de Ciências da Universidade do Porto em 1984, obteve os graus de Mestre e Doutoramento em Probabilidades e Estatística pela Faculdade de Ciências da Universidade de Lisboa, em 1995 e 2003, respectivamente. Iniciou a sua actividade profissional como professora de Matemática do Ensino Secundário (1984-1988), e a partir de 1989 exerce funções docentes na Faculdade de Economia do Porto (professora auxiliar desde 2003), leccionando disciplinas da área da Estatística nos diferentes ciclos de Estudo. A sua actividade de Investigação principal desenrola-se como membro do CEAUL – Centro de Estatística e Aplicações da Universidade de Lisboa, nas áreas de Controlo Estatístico da Qualidade e Teoria de Valores Extremos. Outras áreas de interesse são Análise de Dados, Amostragem e aplicações da Estatística em problemas de Economia. É autora de vários artigos científicos em revistas da especialidade, e de dois livros pedagógico-científicos, um na área de Estatística, e outro na área de Controlo Estatístico da Qualidade.

Fernando Moreira é licenciado em Informática/Matemáticas Aplicadas (1992), Mestre em Engenharia Electrotécnica e de Computadores (1997) e Doutorado em Engenharia Electrotécnica e de Computadores (2003), ambos na Faculdade de Engenharia da Universidade do Porto. É membro do Departamento de Inovação, Ciência e Tecnologia da Universidade Portucalense, desde 1992, actualmente é Professor Associado. É (co-)autor de várias publicações científicas, com revisão pelos pares, em capítulos de livros, congressos nacionais e internacionais. É regularmente membro de Comités de Programa e de Organização de conferências nacionais e internacionais, CAPSI, ISEIS, CISTI e CENTERIS. Conduz as suas actividades de investigação em Redes de Comunicação, Qualidade de Serviços, Segurança e Auditoria, e m-Learning. É coordenador do Mestrado de Informática. É associado da NSTICC, ACM e IEEE.

Gart Capote é um dos profissionais mais reconhecidos e respeitados na comunidade de BPM do Brasil. Além de grande referência em técnicas, práticas e princípios do gerenciamento de processos, é um consultor extremamente experiente e muito requisitado por organizações quando o assunto é melhoria e gerenciamento de processos. É autor dos livros *Guia para Formação de Analistas de Processos* (Bookess, 2011), e *BPM Para Todos* (Bookess, 2012); ABPMP International Certified Business Process Professional (ABPMP CBPP®), analista de sistemas, e tem vasta experiência como Consultor em Gestão de Processos (BPM), Integração Corporativa (EAI) e Arquitetura Orientada a Serviços (SOA), desenvolvedor de soluções para Telecom, Governo (Nacional-Internacional), Petróleo, Segurança Pública, Saúde, Laboratório Educacional, Seguridade, Capitalização e Varejo, Idealizador, Co-Fundador e Presidente da ABPMP Brasil, criador e blogger do *MundoBPM.com*, Instrutor do BPM Boot Camp, criador e Instrutor do 1º Curso de Gestão de Processos da Polícia Militar – São Paulo.

George Leal Jamil é pesquisador do Mestrado em Administração da FACE-FUMEC. (Faculdade de Ciêncais Empresariais (MG-BH). Engenheiro Eletricista (UFMG/82), Mestre em Ciência da Computação (UFMG/99), Doutor em Ciência da Informação (UFMG/05). Professor de pós-graduação em várias instituições do Brasil (UFMG, Fumec, Unibh, PUC-MG, Ibmec, FGV-Management, FDC, entre outras). Consultor nas áreas de Estratégia, Tecnologia e Ensino e autor com doze livros publicados. Colunista e articulista de periódicos na Internet.

Gisela Almeida. Licenciada em Gestão Comercial e Marketing pelo Instituto Superior de Administração e Gestão. Pós-graduada em Gestão da Informação e Marketing Intelligence pela Porto Business School. Experiência profissional: Gestora do projecto Expo Shanghai e Embaixadora de Marca na filial de Shanghai do Grupo Enoport, Gestora Comercial na Hilti Portugal, Gestora de marca no Grupo MCoutinho e, de momento, codiretora de um novo projeto na área de gestão de exportação na empresa Gisabel.

Isabel Fernandes nasce no Porto em 1977. No ano de 1995 ingressa na Faculdade de Economia da Universidade do Porto onde conclui, em 2001, o curso de Economia. Três anos após o início da sua carreira profissional como auditora financeira complementa a sua formação com uma pós-graduação em Auditoria e Controlo de Gestão na Universidade Católica Portuguesa, no Porto. Em 2009 conclui a Pós-Graduação em Gestão de Informação e Marketing Intelligence na Porto Business School, onde desenvolve particular interesse pela área de Competitive Intelligence. Actualmente desempenha funções de market researcher no maior grupo farmacêutico português.

João Gaspar é desde 2001 CEO & CMO na GLOBAZ, S.A. Licenciado em Engenharia Mecânica pela FEUP e pós-graduado em Gestão da Informação e Marketing Intelligence pela Porto Business School, tem desenvolvido também projetos de formação e consultoria nas áreas de Marketing, Sistemas de Informação e Inovação.

João Pedro da Silva Leite nasceu em Santo Tirso, em 1974. É licenciado em Informática de Gestão pela Universidade Portucalense (1997), e pós-graduado em Gestão de Informação e Marketing Intelligence pela Escola de Gestão do Porto – Universidade do Porto (2008). É Consultor Sénior na PT Sistemas de Informação, desempenhando as funções de Project Manager e Service Delivery Manager, responsável pelo desenvolvimento e manutenção do parque aplicacional relacionado com o segmento Wholesale.

João Paulo Baptista, licenciado em engenharia pela FEUP – Faculdade de Engenharia da Universidade do Porto, MBA em Sistemas de Informação pelo IESF – Instituto Estudos Superiores Financeiros e Fiscais, pós--graduado em Gestão de Informação e Marketing Intelligence, pela Porto Business School, certificado em Gestão de Projectos pelo PMI – Project Management Institute. Tem mais de 15 anos de experiência profissional no contexto da conceção e implementação de sistemas e tecnologias de informação, nos sectores da indústria electromecânica e electrónica, financeiro, sistemas de informação e telecomunicações. Actualmente colabora como *Senior Manager* na Portugal Telecom – Sistemas de Informação.

João Varajão é professor auxiliar na Universidade de Trás-os-Montes e Alto Douro. É licenciado em Informática de Gestão, tem mestrado em Informática e é doutorado em Tecnologias e Sistemas de Informação pela Universidade do Minho. Os seus interesses de investigação incluem a gestão de sistemas de informação e sistemas de informação organizacionais. É membro do Centro ALGORITMI. É (co)autor de mais de uma centena de publicações, incluindo livros, capítulos de livros, revistas e comunicações em conferências nacionais e internacionais. É editor associado e membro de comissões científicas de revistas internacionais e de várias conferências nacionais e internacionais. É associado da APSI, IEICE e AIS.

Jorge Coelho é sócio-gerente da SisConsult e Presidente do IPBPM – Instituto Português de BPM (Business Process Management). É vice-presidente do ABPMP Portugal Chapter (certificação em BPM). Membro do conselho consultivo da CIONET Portugal, Professor Auxiliar Convidado da Universidade do Minho e da Universidade Portucalense e Professor em pós-graduações e mestrados na PBS, ISCTE e ISEG. Autor da metodologia MLearn, coautor dos livros *In search of BPM excellence* (Meghan-Kiffer Press, 2005) e *Sistemas de Informa*ção Organizacionais, Sílabo, 2005. Subdirector da Pricewaterhouse (1990-1994); Chefe Divisão Regional (Planeamento, organização e informatica) dos CTT (1979--1990); Professor Adjunto ISEC (1977-1990). Tem um mestrado em Ciências da Computação (UC 1987). E uma licenciatura em Engenharia Mecânica (FEUP 1977)

José Pedro Alba é licenciado em Economia pela Universidade do Porto em 2009, concluiu a Pós-Graduação em Gestão de Informação e Marketing Intelligence na Porto Business School em 2012. Profissionalmente tem desenvolvido a sua atividade na área comercial no sector de tecnologias de Informação.

Nuno Manarte é licenciado em Gestão pela Universidade de Trás-os-Montes e Alto Douro, com uma pós-graduação em Gestão da Informação e Marketing Intelligence da Porto Business School. Trabalha como consultor independente, tendo um interesse especial por marketing digital e pela integração de informação de várias fontes para criar uma visão única de cliente

Pedro Fleming nasceu em 1975. Licenciou-se em Administração e Gestão de Empresas (UCP) em 1999, pós-graduou-se em Eletronic Marketing (IPAM) em 2002 e em Gestão da Informação e Marketing Intelligence (Porto Business School) em 2012. No seu percurso profissional destacam-se a passagem pela Logoplaste UK (1999/2000) e pela Indra (2001/2004). Atualmente (desde 2004) exerce funções na direção de marketing escolar da Porto Editora.

Paulo José Guimarães Garrido é licenciado em Engenharia Electrotécnica pela Faculdade de Engenharia da Universidade do Porto, e doutorado em Informática pela Universidade do Minho. Atualmente é professor associado da mesma universidade onde conduz investigação em sistemas de simulação multiagente e inteligência colectiva.

Pedro M. Campos é Doutor em Ciências Empresariais pela Universidade do Porto e Professor Auxiliar na Faculdade de Economia do Porto, onde lecciona Estatística, Análise de Dados e disciplinas das áreas de Sistemas de Informação dos vários ciclos de estudos. É também Metodólogo no Instituto Nacional de Estatística, onde já Chefiou o Serviço de Difusão da Direcção Regional do Norte e Coordenou o Núcleo de Difusão Electrónica de Informação. É membro do LIAAD INESC TEC, LA. – Laboratório de Inteligência Artificial e Análise de Decisão. Coordena a Pós-Graduação em Gestão da Informação e Marketing Intelligence na Porto Business School. É atualmente Deputy-Director do International Statistical Literacy Project (da International Association for Statistical Education), onde desempenha funções no âmbito da promoção da literacia estatística um pouco por todo o mundo.

Pedro Quelhas Brito é Professor Auxiliar da Faculdade de Economia da Universidade do Porto. Diretor do Mestrado em Gestão Comercial. Coordenador dos vários programas na Porto Business School: Pós-Graduação em Gestão de Vendas, Pós-Graduação em Comunicação Empresarial, Pós-Graduação Gestão de Informação e Marketing Intelligence e Pós-Graduação em Gestão do Turismo e Hotelaria. Doutorado em Psicologia do Consumidor pela UMIST, no Reino Unido. Autor e coautor de vários livros e investigações científicas publicadas em revistas internacionais. A última obra publicada foi *Promoção de Vendas e Comunicação de Preço* (Almedina 2012). Complementarmente trabalhou junto da distribuição/retalho, saúde, farmácias, hotelaria, turismo, alimentação e imobiliária na qualidade de consultor, na realização de estudos de mercado e como comercial.

Pedro Santos é licenciado em Engenharia Mecânica pela Universidade do Porto em 1998 e posteriormente em Engenharia Informática e Computação pela mesma Universidade, em 2003. Tem trabalhado na área do desenvolvimento de *software* e base de dados. Em 2012 concluiu a Pós-Graduação em Gestão de Informação e Marketing Intelligence na Porto Business School.

Ricardo Manuel Amaro Pais, nascido 1979, em Vila Nova de Gaia, foi aluno da 1.ª edição da Pós-Graduação em Gestão de Informação e Marketing Intelligence. Exerce desde 2005 funções no Departamento de Marketing da Ibersol Restauração, S.A., sendo actualmente responsável em Portugal pelo marketing das marcas KFC e Sugestões & Opções.

Rita Cristina Pinto de Sousa licenciou-se em Matemática Aplicada à Tecnologia em 1998, na Faculdade de Ciências da Universidade do Porto. Em 2000, nessa mesma instituição completou o mestrado em Estatística. Nesse mesmo ano iniciou a sua atividade profissional no Instituto Nacional de Estatística, onde exerce funções de Metodóloga no Departamento de Metodologia e Sistemas de Informação. Atualmente é doutoranda no programa de doutoramento de Estatística e

Gestão de Risco na Faculdade de Ciências e Tecnologia da Universidade Nova de Lisboa.

Rui Alexandre Gonçalves Ribeiro da Costa, Curso de especialização em Marketing, pelo IPAM, Pós-graduado em Gestão de Informação e Marketing Intelligence, pela PBS, Porto Business School. Em 1987, interrompeu os estudos universitários de Física da Atmosfera na Universidade de Aveiro para iniciar a sua carreira profissional em França como técnico comercial na área do Frio Industrial. Em 1995, já como Director Técnico de Frio Industrial e S.A.V.A.C., abraçou um projecto de internacionalização na América Latina – Peru. Em 1997, ingressa no Departamento Comercial do grupo Porto Editora onde actualmente acumula as funções de Director Comercial e Trade Marketing Adjunto, Director da Revista Playgames, Director da Divisão de Videojogos e da Divisão de B2B do Grupo.

Sérgio Pinto. Licenciado desde 2005 em Gestão pela Faculdade de Economia do Porto, integrou a 1.ª edição da Pós-Graduação em Gestão da Informação e Marketing Intelligence da Porto Business School. Profissionalmente iniciou funções na Sociedade Central de Cervejas e bebidas com um estágio na área comercial, e ainda em 2005 integrou na BDO bdc sociedade de revisores no departamento de auditoria Em 2009 iniciou funções na Colep S.A no departamento comercial de consumer products como controller, passando pelas funções de financial analyst; de momento faz parte da área de Corporate Financial Planning and Controlling.

Tiago Miguel Soeiro, licenciado em Comunicação Social pela Escola Superior de Jornalismo do Porto, *Master of Arts* em Estudos Jornalísticos pela Universidade de Cardiff, País de Gales, pós-graduado em Gestão de Informação e Marketing Intelligence pela Porto Business School. Iniciou o seu percurso como jornalista, em 1998, no Grupo First Media, detentor das revistas *Ideias & Negócios*, *Forum Ambiente*, *Os Meus Livros* e *Carteira*. Posteriormente, em 2003, desempenhou a função de Editor na UMIC – Agência para a Sociedade do Conhecimento, no âmbito do lançamento do Portal do Cidadão. Em 2004, ingressa no Departamento de Marketing na Comunicação da CIN – Corporação Industrial do Norte, onde desempenha a função de Gestor de Comunicação e Marketing Executive. Desde 2009 que é Coordenador de Comunicação Externa da Sonaecom.

Vasco Vasconcelos. Nascido no Porto em 1976. Após frequentar o curso de Ciências dos Computadores na Faculdade de Ciências do Porto, Vasco Vasconcelos acaba por ingressar na licenciatura em Relações Públicas em 2000, que viria a concluir em 2006. Em 2009 conclui a Pós-Graduação em Gestão de Informação e Marketing Intelligence na Porto Business School.

COPYRIGHT DOS TEXTOS

«A Nova Bola de Cristal?»
© Pedro Campos, Pedro Quelhas Brito e Edições Almedina, 2013

«Amostragem num contexto de pesquisa de mercado»
© Ana Silva, Vasco Vasconcelos, João Leite e Edições Almedina, 2013

«Dois casos de estudo em Pesquisa de Mercados: *Couchsurfing e Duct Tape Marketing*»
© José Pedro Alba, Pedro Santos, Pedro Flemming, Nuno Manarte
e Edições Almedina, 2013

«Novas Tendências e Desafios na Pesquisa de Mercados»
© Ana Silva e Edições Almedina, 2013

«Mineração de Dados»
© Carlos Soares, André C.P.L.F. Carvalho e Edições Almedina, 2013

«Projeto *Crystal Ball*: o *Data Mining* ao serviço da estratégia do Negócio»
© Ana Silva, Gisela Almeida, João Paulo Baptista, João Pedro Leite, Carlos Soares
e Edições Almedina, 2013

«Segmentação de Clientes e Regras de Associação:
uma aplicação de *Data Mining* no mercado farmacêutico»
© Bruno Augusto, Isabel Fernandes, João Gaspar, Sérgio Pinto, Carlos Soares
e Edições Almedina, 2013

«Função Sistemas de Informação nas organizações – realidade, desafios
e oportunidades do uso de arquiteturas empresariais»
© João Paulo Baptista, João Varajão, Fernando Moreira e Edições Almedina, 2013

«Engenharia Social (ou o carneiro que afinal era um lobo)»
© Ricardo Pais, Fernando Moreira, João Varajão e Edições Almedina, 2013

«Sistemas de informação e a tomada de decisões:
Estudos de caso sobre a inteligência de mercado e a gestão de Marketing»
© George Jamil e Edições Almedina, 2013

«O que é o BPM – antecedentes e objectivos»
© Gart Capote e Edições Almedina, 2013

«Metodologia MLearn – Do desenho da Arquitetura Organizacional
ao alinhamento estratégico do Negócio e dos Sistemas de Informação»
© João Paulo Baptista, Rui Costa, Tiago Soeiro e Edições Almedina, 2013

«Rumo a uma gestão integrada: estudo de caso de aplicação da metodologia MLearn»
© Ana Silva, Isabel Fernandes, Vasco Vasconcelos e Edições Almedina, 2013

«Simulação de Processos de Negócio em Telecomunicações»
© João Paulo Baptista e Edições Almedina, 2013